慢慢爱
最幸福

张丽珊
著

丽珊幸福心理
适合中国人的成长方案

天津出版传媒集团
天津人民出版社

图书在版编目(CIP)数据

慢慢爱最幸福 : 半步之外温和管教指南 / 张丽珊著
.-- 天津 : 天津人民出版社，2022.8
ISBN 978-7-201-18191-2

Ⅰ. ①慢… Ⅱ. ①张… Ⅲ. ①家庭教育 Ⅳ. ①G78

中国版本图书馆CIP数据核字(2022)第063595号

慢慢爱最幸福 : 半步之外温和管教指南
MANMANAI ZUIXINGFU:BANBUZHIWAI WENHE GUANJIAO ZHINAN
张丽珊 著

出　　版　天津人民出版社
出 版 人　刘　庆
地　　址　天津市和平区西康路35号康岳大厦
邮政编码　300051
邮购电话　(022)23332469
电子邮箱　reader@tjrmcbs.com

责任编辑　王昊静
策划编辑　小　喜
装帧设计　三形三色

印　　刷　三河市兴国印务有限公司
经　　销　新华书店
开　　本　880毫米×1230毫米　1/32
印　　张　9.25
字　　数　198千字
版次印次　2022年8月第1版　2022年8月第1次印刷
定　　价　58.00 元

前言

后喻文化，终生学习的父母才能助推孩子成长

近三十年，做父母比以往任何历史阶段的父母都更焦虑，更不知所措，其根本原因是什么？如何破解这个难题？如何让父母在紧跟时代发展节奏的同时收获来自孩子的尊重和信任？如何让孩子在接受父母助推的同时获得自主成长的动机和力量？

美国著名人类学家玛格丽特·米德在她的收官之作《文化与承诺——一项有关代沟问题的研究》中从整个人类文化史出发，认为当今世界代与代之间的矛盾和冲突（即“代沟”），既不能归咎于社会和政治方面的差异，更不能归咎于生物学方面的差异，而是源于文化传递的差异。文化的多样性对人格和心理塑造起了决定性的作用。米德将整个人类的文化传递划分为三种基本类型：前喻文化、并喻文化和后喻文化。

前喻文化，即“老年文化”，是一切传统社会的基本特征。人们从未设想自己的生活能和父辈、祖辈的生活有什么不同，在他们眼里生活的意义是既定的，前辈的过去就是他们的未来。前喻文化能够得以保持的两个基本条件：缺乏疑问和缺乏自我意识。

科学技术的快速发展使前喻文化崩溃，进入一种过渡性质的文化——并喻文化，晚辈和长辈的学习都发生在同辈人之间。在快速发展的环境中，新生代所经历的一切不完全同于、甚至完全不同于他们的父辈、祖辈，而长辈抚育后代的方式已经无法适应孩子的成长需要。长辈面临着对先前生活的否定，出现迷茫和焦虑在所难免。

后喻文化，即“青年文化”，在全新的历史时代面前，长辈的经验丧失了传喻的价值。人类将自己所熟知的世界抛在身后，开始生活在一个完全陌生的新时代中。在时代发展的剧变面前，老一代不敢舍旧和新一代唯恐失新的矛盾，不可避免地酿就了两代人的对立与冲突。

三十年来，中国经济社会的快速发展实现了前喻、并喻和后喻的快速顺位发展，父辈在承受社会快速发展带来的精神和物质压力的同时，惊恐地发现沿袭其父辈应对、教化自己的方式教育子女不但无法达到预期的效果，还会面临孩子的逆反，甚至引发孩子以扭曲自己人生轨迹的剧烈抗争。父辈陷入极度的焦虑、惶恐和无助之中。

这三十年我一直坚守在心理健康教育和心理咨询的一线，我以家庭教育的难度系数增长粗略地分为三个阶段，我出版的书具有明显的时代烙印。

第一个阶段：1993—2003 年。“前喻文化”后期，80 后从内心是尊重父母的，当自己与父母的观点不同时，他们会选择求助，希望寻求改善亲子关系的方案。2001 年华东师大出版社出版的《向丽珊敞开心灵：35 位花季少年与一位心理咨询师的心灵对话》；2002 年商务印书馆出版的“青春谈心坊丛书”《成长是首流动的歌》《特别的关爱给特别的你》《与成人交往有技巧》《朋辈交往有规则》《花季中的恋情（上、下册）》……都是在指导孩子如何自我成长，如何与周围人良好互动，以达到适应环境的目标。

第二个阶段：2003—2015 年。互联网以迅雷不及掩耳之势进入我们的生活，“前喻文化”崩溃，进入“并喻文化”时代，长辈和晚辈都与自己的同龄人学习，乱花渐欲迷人眼，有的父母沉迷于网络交友，婚姻稳定性受到挑战；有的父母沉迷于网络游戏和网购，疏于陪伴孩子，还会因为孩子打扰了他们而对孩子发脾气。此阶段厌学的学生有所增加，并呈现低龄化。我出版的书在引领孩子的同时也在指导孩子的心理“重要他人”[①]，例如 2004 年水利水电出版社出版的“心灵自助套餐丛书”《孩子快乐成长，您怎样呵护》《成功的教师生涯，您怎样走过》《成功学生时代，你应这样度过》；2008 年中国轻工业出版社出版的《与厌学孩子的心灵对话》；2011 年北京朝华出版社出版的《学生时代赢在心态》；

① 重要他人：在一个人的人格形成以及融入社会的过程中，对其产生重要影响的人，这种影响有可能是积极的，也可能是消极的。当你在乎他的评价或者他的言行改变了你的想法和行为时，他就成为你的“重要他人”。“重要他人”包括父母、老师、同伴或者是你在某个阶段特别看重或在意的某个人。

2013 年教育科学出版社出版的《高考成功，赢在心态》。在日常的心理咨询中我发现许多孩子的问题起源于父母的问题婚姻，为此我追溯到谈婚论嫁，如何选择伴侣；母亲怀孕期间以及幼儿阶段的经历对孩子的情绪管理构成的深远影响……2014 年天津人民出版社出版的《你可以嫁得更好：婚前必须清楚哪些事》《你可以生得更踏实：怀孕必须准备哪些事》和《给孩子不伤害的爱：教子必须学会哪些事》。在这套丽珊“她”话题丛书中我提出了丽珊教子定律，概括为：

1. 你希望孩子成为什么样的人，自己要先成为什么样的人。用发展的眼光看待孩子的过去、现在和未来；

2. 为了孩子的福祉而自我成长，善待婚姻。因为父母婚姻感冒，孩子的心理和行为就会发烧；

3. 与父亲情感链接好的孩子具有强大的生命能量，表现出自信，能担承；与母亲情感链接好的孩子善于情绪管理和人际沟通。智慧的母亲要维护父亲在孩子心目中的良好形象。

第三个阶段：2015 年至今。随着短视频的风起云涌和大数据的定向推送，“后喻文化”时代使孩子获取信息的渠道比父母更广阔、更具多维度，长辈对晚辈的影响力极大缩小。这个阶段我又致力于写给青少年，提出青少年应具备的六种能力：自知力、成长力、学习力、自控力、沟通力和选择力。2014 年天津人民出版社出版的《心态好才是真的好——快乐高中八堂课》；2015 年中国妇女出版社出版的《青春期不迷茫——心理专家写给 10~18 岁男孩女孩的成长书》；2020 年中国妇女出版社出版的《为青春期赋能——写给男孩女孩的心理自助指南》《青春期不迷茫升级版——写给男孩女孩心灵成长书》。透过书中的案例我们不难发现父母的思维中依然残存着“前喻文化”的痕迹，他们并没有意识到自己的经验已经丧失了传喻的价值，在孩子的眼中父母的理念已经过时，代际冲突进入新高度。

2020年初新冠疫情后，网络教学使各年龄段的在校生技术熟练、理由充分地“手机不离手”，他们在获得知识的同时，也陷入网络依赖；他们在获得来自网络的情感支持的同时，也在某种程度上承受着网络不健康内容的侵蚀和网络暴力的威胁。我想通过“丽珊幸福心理家庭教育系列丛书”帮助家长了解现阶段各个年龄段孩子的心理特点，并获得陪伴孩子成长的有效方案。该丛书还包括我和我儿子郭子轩共同撰写的《教子不迷茫》（暂定名）和他独立出版的《成为受人欢迎的学生并不难》（暂定名）。

我将三十年的家庭教育研究、心理咨询实践与后喻文化的时代特点相结合，总结出丽珊幸福心理的教子理念：半步之外，用温和管教助推孩子自主成长。

1. 半步之外：亲子之间要保持半步之外的距离，既不能“嵌入式”又不能相隔太远。父母本着终生学习的理念，要先于孩子半步。

2. 温和管教：无论哪个文化传递的时代，父母都有管教孩子的社会责任。父母要不断提高自己情绪管理和人际沟通的能力，在尊重人的认知发展规律的基础上结合孩子的个性化特点，以孩子能够接受的方式将孩子培养成受人欢迎的人。

3. 助推孩子的自主成长：父母在对社会充分认知的基础上，以助推的方式由“我要你怎么样”变成“你要怎么样”。助推不仅要有方向的引导，速度的监控，还要有制动系统。既然目标是自主选择的，孩子就会具有持续动力，对自己的选择负责到底。

欢迎大家关注我的微信公众号“丽珊幸福心理”和喜马拉雅FM上的“张丽珊幸福心理”和“张丽珊：幸福妈妈情商课”，及时地了解青少年的心理动态和父母应对方案。

祝福每一位孩子都能获得可持续发展的动力，幸福成长！

祝福每一位父母都享受陪伴孩子成长的快乐，家庭和美！

守望大众心理健康的张丽珊

2021 年 12 月 19 日于山水轩

为了保护大家的隐私，书中所有名字皆为化名。

张丽珊联系方式：
私人微信：zhanglishanxinli
“丽珊幸福心理”微信公众号：tjzhanglishan
喜马拉雅音频专栏：张丽珊幸福心理
张丽珊：幸福妈妈情商课
心理热线：13662045051 郭老师
丽珊好妈妈课堂微信群：tjxinhanglu

推荐序

丽珊幸福心理，最适合中国人的心灵成长方案

今天我充满感恩地给丽珊老师“丽珊幸福心理家庭教育丛书”写推荐序。感恩命运让我1999年回国第一次向丽珊老师求助，她帮助我平衡了事业和生活，成为幸福的女人。2013年我为丽珊“她”话题丛书写推荐序，我反复诵读了《你可以嫁得更好》《你可以生得更踏实》和《给孩子不伤害的爱》几遍，深深感受到丽珊幸福心理的魅力源自丽珊老师本人就是一位高度整合的人。

一、知识结构完善，具有强烈的使命感

早在二十年前丽珊老师就被业内称为“百科全书式”的心理学家。历史专业背景是丽珊幸福心理的底色，有深厚的中华文化底蕴，她用发展的目光洞察人的发展与环境的关系，把握社会发展对人的影响。她将来访者此时此刻的问题放到人生长河中去审视，追溯其行为形成的历史原因，并对其未来发展走向有了某些预见和建议。丽珊老师的心理咨询目标分为三步：筑牢堤坝，避

免问题进一步泛化、恶化；切实可行，解决方案具有极强的可操作性；展望未来，形成正确的价值观和行为方式，为幸福的人生奠定基础。

博采心理学各个流派之长，丽珊老师心理咨询的工具箱里包括认知主义流派、精神分析流派、行为主义流派、人本主义流派，后现代心理学理论中的家庭系统排列、萨提亚等，针对来访者的问题采取灵活、高效的咨询方案。

在本书中，丽珊老师将2017年获得诺贝尔经济学奖的理查德·泰勒提出的助推理论，即促进行为决策改变的干预方式应用到亲子互动之中。她对宏观经济学和微观经济持续关注，尤其自2000年担任十余家欧美企业的心理顾问以及17年政协委员的经历让她充分认知国家的宏观政策，对经济社会的发展有比较精准的把握，她的职业生涯规划帮助一些来访者实现人力资源增值，稳健的投资理念帮助一些来访者创业成功。在她帮助下，越来越多的朋友实现了财务自由。

丽珊老师潜心学习中医学理论，虚心地向一些中医请教，并有效地运用到心理咨询之中，解决了一些疑难的身心问题。

二、与人为善，保有一颗赤子之心

丽珊老师将耀华中学的心理健康课教学和她的反哺社会活动有机地结合在一起，很好地诠释了“滴水之恩，涌泉相报”。她感恩天津市耀华中学的领导1993年派她参加天津市首批青少年心理辅导师培训，三十年来她坚守在耀华中学心理健康教学一线从未间断，她最了解青少年的所思所想。她对学生进行了三十年的成长跟踪，她真实地感受到中学时代的人生体验对一个人一生的深远影响，她对在校生的人生引领具有明确的方向性。

丽珊老师扎根学校的同时也在电台、电视、报纸、期刊、网络等各种媒体开设心理学专栏，为企业、团体做心理顾问以及心理咨询工作，她对不同社会圈层的人的心理有全面的把握，对成年人所面临的来自生活、人际、事业、金钱、性、健康、心理等方面的压力有直观的认识，由此形成了一个大数据的坐标体系。在咨询中，从横向上看，丽珊老师能比较精准地把握来访者的思维方式、行为习惯、给周围人的感受，以及他在人群中所处的位置；从纵向上看，丽珊老师非常清晰地告诉来访者此时此刻的价值观和行为方式会对他的未来构成哪些影响，如何调整未来会越来越好。丽珊老师的咨询方案具有难得的系统性和前瞻性。

三、大道至简，通俗易懂阐述人生哲理

丽珊老师是一位极具创造性，思维灵动、语言活泼的心理咨询大师，本丛书中有一些借助数学方法解读人生的有趣的坐标图，其中涉及婚姻、亲子等各个方面，使原本在大家心目中看不见摸不着的心理现象变得具体而直观。

下面我简要总结丽珊幸福心理的一些理念。

丽珊幸福心理基本理念

1. “趋利避害”是人性的核心，顺势而为，只要方法得当，每个人都会做出最符合自己幸福的选择。

2. 本民族的传统文化是人们心底最深层的价值取向，一旦挑战传统文化则会造成内心的纠结和系统的混乱。

3. 改变是需要生命能量的。人际系统中生命能量最旺盛的人最具弹性，最先改变并带动其他系统内成员的改变。

4. 家族间的情绪是相互关联的，晚辈在意识上否决长辈什么，在行为上就会追随什么。晚辈只有接纳长辈，才能活出自己独立的人生。

5. 每个人都有智慧的潜质，一旦外界环境适宜，则会激发智慧的光芒。

6. 智慧与学历之间没有必然的联系。知书和达理是对人的不同维度的描述，知书可以通过学历来量化证明，而达理则是智慧，通过生活质量和幸福感来验证。

7. 人生是流动的、连贯的，当下的选择基于过往的经验，又为未来的选择奠定基础，所有的事情都有前因后果。

8. 人与环境之间是互动的，相互作用。每个人的生活现状都与环境息息相关，每个人的思维和行为都是环境的产物，要想改变人的思维方式和行为模式，与其相关联的人际环境也要做出相应的调整。

9. 联系是必然的、全面的，在一个系统中任何一个部分的变化都会带来其他部分的变化。

丽珊幸福心理对婚姻和家庭的阐述

1. 婚姻不只是两个人的结合，是两个家族的联姻。

2. 和谐婚姻以两个家族社会地位、人生价值观、情感亲密度、人际交往模式的协调一致为基础。

3. 婚姻难以承担医治原生家庭创伤的重任，不能将伴侣当作心理咨询师。

4. 不同的夫妻沟通模式培养不同个性的孩子，并为孩子未来的婚姻涂上基础色。

5. 孩子的天职是维护父母婚姻的稳定，为此他们会采取各种手段，不排除自我牺牲、自我伤害。

6. 孩子的生命品质是其原生家庭健康状态的试纸。

7. 孩子能够体会到自己在父母内心而没有明确用语言表达出来的自我价值。

8. 健康的婚姻是两个心智健康的人共同经营实现的。

丽珊幸福心理在心理咨询中的应用

1. 身心合一，在心理咨询中可以调动一切积极因素进行调整。

2. 在心理咨询师指导下的同伴互助是高品质、高效心理咨询最行之有效的辅助手段。

3. 家庭系统的调整是艰难而缓慢的，但也是最能保证问题不再复发的方案。

4. 当婚姻出现问题，要从双方的原生家庭找到问题的起因和解决的方案。

5. 心理咨询师要对人生有全面的把握，了解每个选择对未来人生的影响，站在发展的高度帮助来访者选择最具有可持续发展的成长方案。

6. 爱是最核心的生命能量。在心理咨询中修复来访者受伤的爱和被爱的能力，会使来访者的生命更有力量。

丽珊老师本人就是丽珊幸福心理最好的代言人，她活出了幸福的模样。事业成功，具有很高的美誉度；为人谦和，她的朋友遍布世界各地；生活和美，她深深地爱着她的先生和儿子，又收获了父子俩的宠爱；儿子郭子轩追随母亲将丽珊幸福心理广泛传播，母子俩已经合作出版了两本书，在本丛书中将合作出版一本，郭子轩还要独立撰写一本。

我是丽珊幸福心理的受益人，珍惜每次与丽珊老师交流的机会，并将她的观念广泛地传播开来。

丽珊幸福心理是最适合中国人的心灵成长方案。

祝福读者朋友都能收获幸福，爱周围人的同时收获周围人的爱！

Angel

In Los Angeles, USA

Nov.25 2021

目录

contents

第一部分 半步之外，用距离保持彼此的欣赏

第二部分 温和管教，让孩子成为受欢迎的人

第三部分 助推，让孩子成为可持续发展的人

半步之外，

用距离保持彼此的欣赏

丽珊幸福心理指出，亲子之间要保持半步之外的距离，既不能“嵌入式”，又不能相隔太远。

父母和孩子的嵌入式关系指你中有我，我中有你，一荣俱荣，一损俱损。因为嵌入，父母对孩子的观察缺乏整体性；因为嵌入，父母无法站在客体角度审视自己的言行。父母用“别人家的孩子”来鞭策子女的动力不足，孩子用“别人家的父母”回怼父母的自以为是。双方不仅相互嵌入，还引入与外界的比较，唤醒彼此内在的羞愧感、自卑感，恶化情绪体验，降低生命能量。

近三十年，中国社会的快速发展给成年人创造了太多发展的可能，他们中有人为了给孩子提供更好的物质生活而疏于与孩子进行沟通，完全不知道孩子的所思所想，同在一个屋檐下，彼此更像陌生人。保持半步之外的距离，可以让孩子感受到父母就在自己的身边，同时，可以感受到父母对自己的理解、关怀和支持。

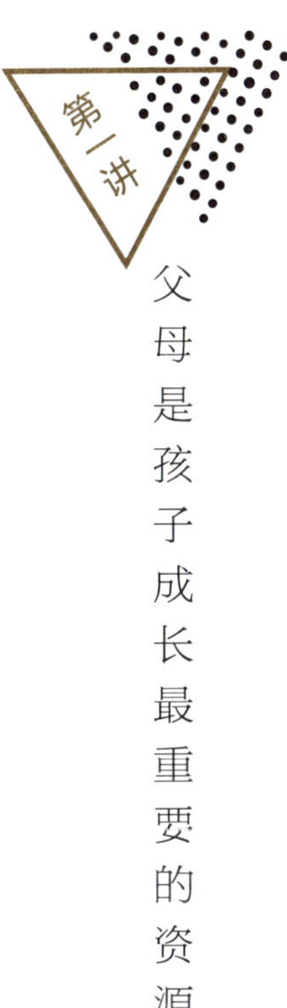

第一讲 父母是孩子成长最重要的资源

孩子最先模仿的人就是父母或者是陪伴他成长的成年人。身教重于言教，你想让孩子成为什么样的人，首先要要求自己先成为什么样的人。

当你决定要将生命传递给孩子之前，一定本着负责任的态度检视自己是否能给孩子做好榜样，你的三观是否符合社会主流价值观，你是否有自己的人生规划？你是否会为自己的人生目标而努力？你的情绪管理能力如何，是否能够心平气和地与周围的人互动？你的沟通能力如何，在沟通中能否给对方带来舒适感？你是否能将自己的情感准确地表达并得到相应的反馈，实现情感互动的“闭环”？你的婚姻质量如何？父母恩爱、家庭气氛和谐是送给孩子最珍贵的人生礼物。

如果你已为人父母，那么就从阅读本书开始，提高父母的自我修养，因为父母是孩子成长最重要的资源。

自信、自尊、善良的孩子最可持续发展

2012 年莫言获得诺贝尔文学奖，他是中国首位诺贝尔文学奖获得者。他说自己人生最成功的不是文学，而是有一个幸福美满的家庭；他说最好的老师是他的母亲，教会了他什么是梦想和志向、学习和生活、人生和处世、坚强和不屈、诚实和耻辱、怜悯和同情、宽容和理解、大爱和亲情。莫言写了许多发生在他与母亲之间的往事，我选择其中两篇分享给大家。

> 我记忆中最早的一件事，是提着家里唯一的一把热水壶去公共食堂打开水。因为饥饿无力，失手将热水瓶打碎，我吓得要命，钻进草垛，一天没敢出来。傍晚的时候我听到母亲呼唤我的乳名，我从草垛里钻出来，以为会受到打骂，但母亲没有打我也没有骂我，只是抚摸着我的头，口中发出长长的叹息。

我们想象一下这个情景，莫言躲在草垛里反复地自责，“如果当时我走得慢点，如果我抱着壶而不是提着……”他可能还在想如何弥补这个损失……当他从草垛出来，如果母亲劈头盖脸地指责他不懂得生活的艰辛，平时做事毛手毛脚，母亲反复提醒却不长记性……小莫言是会更加自责，希望弥补过失还是出现逆反呢？“你怎么总是记得我犯的错呀？难道我替你干活的事情都忘了？”……

如何帮助孩子接纳自己，如何帮助孩子建立自信心，我想莫言的母亲可能给我们提供了一个很好的思路。

> 我生来相貌丑陋，村子里很多人当面嘲笑我，学校里有几个性格霸蛮的同学甚至为此打我。我回家痛哭，母亲对我说：“儿子，你不丑，你不缺鼻子不缺眼，四肢健全，丑在哪里？而且只要你心存善良，多做好事，即便是丑也能变美。”
>
> 后来我进入城市，有一些很有文化的人依然在背后甚至当面嘲弄我的相貌，我想起了母亲的话，便心平气和地向他们道歉。

莫言的母亲尽管目不识丁，没有学过心理学和教育学，但她用自己的方式告诉孩子，亲情就是当孩子遇到困难时会得到母亲的抚慰；告诉孩子什么是人生，如何为人处世，如何赢得别人的尊重。

在日常的亲子咨询中，父亲往往不喜欢接受心理咨询，一方面是他们从小接受的教育是“男儿有泪不轻弹”，牙掉了咽肚子里，他们缺乏求助的意识；另一方面是他们的妻子看了心理学的书籍，尤其是上了心理学课程之后更难相处了。一些男士跟我诉苦，自从妻子上了心理学课程之后，把课上听来的内容讲给老公和孩子听，把父子的行为对号入座，贴上“问题行为”的标签，“人家老师说被老公疼爱的妻子就会性格温和，和孩子相处更和谐。我脾气暴躁就是你不爱我，你毁了我的人生，还毁了孩子的人生……”妻子内置了许多显微镜，将老公和孩子的言谈举止高倍放大，争吵更多了，家庭气氛更加地紧张。

一些孩子跟我说，自从母亲学了心理学之后就变得神神道道，特别爱给他贴标签，用一些心理学的术语挖苦讽刺他，炫耀自己看透了身边的每一个人，令人生厌。由此孩子对心理咨询产生强烈的抵触。学了“非暴力沟通”课程之后家人间的沟通更加暴力了。为什么会这样？一方面可能是讲师的思维架构缺乏系统论，单维度地从理论中来到理论中去，忽略了人与人之间沟通是存在差异性的；另一方面是学员本身的思维方式和归因类型。

妻子抱怨老公是造成自己脾气暴躁的罪魁祸首属于典型的归因问题。归因是人们对自己或他人活动及其结果的原因所做的解释和评价。奥地利社会心理学家F·海德在其1958年出版的《人际关系心理学》中首次提出归因理论。简单分为归因朝内和归因朝外[①]。归因朝内指向自我，考虑人格、动机、情绪、态度、能力、努力等；而归因朝外则将所有的责任推卸给周围的环境，包括他人、奖惩、运气、工作难易等等。另一位心理学家韦纳在其理论基础上，通过一系列的研究发现归因朝内的人，将成功归因于内部稳定因素，他就会有安全感，认为只要我选择正确、充分努力，

① 归因朝外：归因是人们对自己或他人活动及其结果的原因所做的解释和评价。简单分为向内归因和向外归因。同样一件事，不同的人由于归因方式不同，出现的情绪反应就不同。面对生活中出现的挫折，如何归因是关键，它决定了人的情绪色彩和事情发展的走向。乐观的人将积极事件归因为持久的、普遍的和个人的努力；而对消极事件归因为短暂的、具体的和外在的因素。悲观的人对积极事件归因为短暂的、具体的和外在的因素；而对消极事件归因为持久的、普遍的和个人的努力。“我这辈子就不可能遇到好事情”“我就没有遇到过好人”是典型的归因朝外。

结果就一定会朝着我所期待的方向发展，他们往往有强烈的自信心、百折不挠，获得成功之后，对人生更加充满自信。但如果过度归因朝内而不善于向外部寻求帮助和支持，则会陷入焦虑之中。归因朝外的人，放弃了对事务发展的主动权，将成功寄托于外部环境，缺乏内部挖潜，无法获得安全感，怨天尤人，逐渐失去了对生活的控制权。当然，无论是哪种归因都要适度，过度就会出现新的问题。

心理学是一门涵盖性很强的科学，学一点碎片化的概念无异于盲人摸象。为人父母如果不学习教育方法是不行的，但如果学错了就更可怕。其实要想提升自己和家人的幸福感并不是那么难，多想想自己所拥有的，知足常乐，放弃与其他人的比较，多看到家人的付出，发现他们身上的闪光点，那样你的目光自然就会温和，语气也会轻柔，以达到善解人意的效果。现在开启自我成长之旅，跟随我一步一步审视自己吧。

父母的三观决定孩子成为什么样的人

前一段时间，一位初二年级的女生请母亲帮助预约我的咨询，咨询原因是她发现造成自己困扰的根本原因是三观不正。女孩可爱吧？什么是三观呢？可能许多成年人也说不太清楚。“三观”是指世界观、人生观、价值观。世界观是人们对整个世界的总的看法和根本观点。人生观是指对人生的看法，也就是对于人类生存的目的、价值和意义的看法。价值观是指人们在认识各种具体事物的价值的基础上，形成的对事物价值的总的看法和根本观点。归纳起来就是一句话，在你心目中什么是最重要的？你想成为一个什么样的人？父母的三观对孩子的影响是潜移默化，深刻而持久的。

做生意的人就不能善良吗?

一位年近六旬的母亲带着 30 多岁的儿子千里迢迢到天津找我咨询，她的儿子赌博、吸毒，几乎败尽了她打拼多年的所有资产。只要不给钱，儿子就砸家里的东西，打骂母亲……在持续的咨询中我逐渐唤起他内心的善良，他逐渐懂得体谅他人，脾气也改善了许多，坚持一段时间不去赌博了。当我再次见到母亲时，我告诉她孩子的进步，变得善良了，懂得替人着想了。母亲马上打断我，“丽珊老师，我们做生意的人不能善良，善良就会被人骗，您千万别让他善良，只要求他一切听我的就行，做人要心狠，不能优柔寡断……”我知道孩子的问题出在哪里了，明确告诉母亲因为我和她的人生观和价值观完全不同，咨询必须马上终止，不然孩子的思路会更加混乱，他越是认同我就有可能越违背母亲的意愿，心理咨询师要本着帮忙不添乱的原则。心理咨询终止了。

一年后母亲又来向我求助，说儿子因为杀母亲未遂而被送进精神专科医院，她意识到是自己的人性阴暗毁了孩子，由此患上老年抑郁症。母亲教给孩子应对世界的方法，孩子都用到了她的身上。

父母的人生观和价值观就算不太符合主流价值观，但知道法律的红线不能触碰，为了生存他们必须表面上融入社会，但在孩子面前却表现出最真实的想法，一旦把负面的三观传递给孩子，孩子就会无原则无底线无克制地发挥，到头来父母根本无法帮助其矫正。

美国心理学家爱德华·托尔曼指出学习分为显性学习和隐性学习。显性学习目的明确、有解决问题的方法、具备有效的决策机制、具有纠偏策略，可量化和统计等一整套达成目标的方法。如果要掌握一门知识、一种技能、通过某个考试，显性学习是更有效的。而隐性学习适用于非紧迫的、无意识的、具有沉浸式环境的场合，逐渐形成认知地图。隐性学习不可量化，但在沉浸式环境中却能对孩子产生深刻而持久的影响。举个我们生活中的例子，父母要求孩子写数学题是显性学习。父亲和母亲说悄悄话，埋怨姥姥总要礼物，有些贪婪，他们根本就没想让孩子知道这些家务事。但某一天，孩子坚决不去姥姥家，因为他不喜欢姥姥的贪婪……这就是隐性学习。在陪伴孩子成长的过程中父母让孩子必须记住和做到的事情是显性学习，但他是否记住不好保证；而父母无意中表露出来最内心的价值观却会深刻地影响孩子。

2002 年上映的美国经典电影《猫鼠游戏》是一部口碑和评价超高的作品。男主人公的原型叫弗兰克・阿巴内尔，1948 年出生于美国纽约，他父亲是个小生意人，儿子耳濡目染了父亲贿赂店员、逃脱纳税，当母亲和父亲好友通奸后离婚，他开始了“独立”生活，先后冒充过飞机驾驶员、儿科医生、助理法官等职业，并用各种手段诈取几百万美金。年仅二十一岁便成为许多国家通缉的要犯。在他成为诈骗犯的路上放大了他父母的人生观和世界观。所以，父母在孩子面前一定要谨言慎行，千万别误导了孩子。

独立的人生规划避免父母卷入度过高

父母有明确的人生规划吗？通过怎样的路径和努力达成？父母和孩子都是独立的个体，避免让孩子做父母的圆梦人。

在“科学育儿”中找到了自我价值

薰衣草曾经也争强好胜，自从嫁人后，她的事业心就不那么强烈了，不过，看着一起进单位的同事升职加薪，内心也有过短暂的酸楚。怀第一个孩子时，她将全部精力转移到胎教、婴儿用品、育儿课程方面，每个周末都奔波于各个月子会所。在那里，她又结识了同样关注孩子品质的孕妈妈，分享各种资讯……孩子还没有出生，婴儿房里已经堆满了从国外代购来的各种物品……在同事眼中，她就是时尚辣妈的标杆，经常有人问她需要给孩子准备什么，她的回答“很专业、很时尚”。她找到了自我价值感[1]，希望自己永立潮头，保持“引领”的位置，成为育儿专家。

被科学喂养的老大各项发育指标都相当不错，薰衣草又致力于为孩子选择各种兴趣班。每个周末两天，合理安排，能够上6个兴趣班。自从怀了老二，接送老大的任务全部落在老公身上，薰衣草告诉他，现在养孩子都是这种节奏，咱辛苦些，但孩子不能输在起跑线上。

老公对薰衣草的想法有意见，他们认真交流过，但总是谈不拢。薰衣草在单位特别有存在感，那些职位高的新晋母亲都虚心向她请教，她组建了两个育儿的微信群，体会到了人生价值。

薰衣草和我咨询的目标是如何说服老公和她同舟共济，成就她的光鲜人生。我给她提出一个问题：你目前所做的一切是为了让孩子健康成长还是为了实现自己的人生价值?

90后父母的新动向，拼钱、拼理念，拼时尚。所有的投入一定会追求产出，一旦孩子的成长不能如他们所愿，就会陷入焦虑中。其实，父母和孩子都是自己生命的主人，孩子不是母亲实现人生价值的道具。我建议薰衣草重新规划自己的人生，千万不要把自己成功与否和孩子的成长绑定在一起。

---

① 自我价值感：个体对自己的价值高低的判断，是每个人的生根立命之本，也是决定是否拥有幸福的重要指标。自我价值感高的人自信、自尊和自强；而自我价值感低的人则自卑、自我否定、看不到自身的长处，甚至找不到活着的意义。在人际交往中他们不敢拒绝，不敢求助，觉得自己不配拥有好的人、事、物。

提升自我管理能力给孩子树立榜样

自我管理能力包括人生目标的管理、自我形象管理、情绪管理、人际关系和沟通能力等方面。如何防范孩子进入青春期，父母的教育就失灵呢？自我管理很重要，凡是要求孩子做到的，自己就先做到。比如不让孩子玩手机，而母亲刷淘宝、父亲打游戏，只要孩子提出质疑就用“我是大人，你是学生”来搪塞；又比如让孩子和父母好好说话，而父母却沾火就着，缺乏情绪管理；再比如父母要求孩子努力学习，而自己却不思进取……这些都无疑会降低父母在孩子心目中的权威感。身教重于言教，父母要对自己给孩子营造一个怎样的成长环境，树立一个怎样的榜样做出准确的评估，以便更加合理地期待孩子，用自我成长的意识和行动，给孩子提供更有力的助推。

母亲自己“学习无用”，凭什么要求我学习？

在王瑾的眼中，儿子郭一洲就是一个彻头彻尾的问题孩子。老公长年在外地工作，儿子总是愚弄她。她真的说不过他，她甚至有些恨他，她希望老公把他送到外地的寄宿学校去，不然她就要崩溃了。

郭一洲从小喜欢读书，看了很多课外书，涉及人文、地理、文学、历史、哲学等。孩子看书越多，王瑾就越读不懂孩子，但一洲对母亲的想法却了如指掌。在学校，郭一洲经常挑战老师，说他们明明知道现在学的知识未来进入社会根本就没有用，却还煞有介事地教给学生，学生稍微错一点儿就罚写，这不是愚弄学生吗？他希望将自己的思考讲给同学听，但老师上课根本就不给他发言的机会。为了畅所欲言，他经常坐在位子上大声说出自己的观点。老师就以他违反课堂纪律为由请家长。每次回到家，王瑾批评他，但过不了两分钟就变成郭一洲抨击中国教育、抨击母亲的不学无术。王瑾说不过他就哭着给老公打电话，郭一洲发自内心地佩服父亲，不想让他操心，他向父亲保证十分钟内让母亲破涕为笑。母亲觉得自己在他面前完全没有尊严。

老师建议王瑾把郭一洲送到行走学校接受一些规范教育，有病乱投医的她果然照办。回来之后，郭一洲更不听成年人的话了，王瑾现在就想让他从眼前消失，无论到哪里上学都可以。

郭一洲告诉我王瑾是物理系大本毕业，大学时考试都能得 100 分，但实际运用上她什么都不会，连个接线板都不会修。这让他从小就以为学校教育没有任何意义。他不是不爱学习，相反，他非常热爱学习，要学习有意义的知识。王瑾每天大呼小叫地督促儿子学习，而自己却不思进取，对工作敷衍了事，经常翘班去逛街、打麻将、购物、做皮肤护理。每天像监工一样盯儿子写作业，自己却和闺蜜打电话聊八卦，全民 K 歌，刷淘宝。

郭一洲和同学没有共同语言，同学分为王者荣耀群、日本动漫群、追星群、“学霸”群……郭一洲觉得他们简直是愚蠢至极。

在行走学校，郭一洲看到了人性的丑恶，末位惩罚的制度让学员们为了避祸，往往会用各种方法嫁祸于人。尽管初一的郭一洲在学员中属于年龄小的，却总是侥幸逃脱。郭一洲越来越自信了，不需要正规教育，他也是同龄人中最有智慧的。

我告诉郭一洲，他的母亲在选择大学专业时缺乏职业规划，既不了解自己又不了解所学专业，更不清楚这个专业适合做什么工作，在自己不擅长的领域还能努力学习，以优异成绩完成学业，不得不说母亲是一个很有责任心的人。

每个人要想有尊严地立足社会，就需要拥有学习能力，掌握科学的学习方法，这些能力和方法的形成要以学习各个学科的知识作为载体，现在课堂上所学的知识在未来的工作和生活中不会原样呈现，却转化成为一种精神，形成学习能力，拓宽视野，丰富阅历，最终达到解决现实问题的目的。

我告诉一洲，他在行走学校的侥幸过关是行走学校本身是以盈利为目的，他们对每个学员都会进行全面评估，比如该生行为的社会危害性、调教的难易程度等。一洲属于有点小个性，不太听话，并没有发展成为反社会行为，本身就不需要太多调教，况且他和其他学员相比有思想，他们如果激化了与一洲的矛盾反而不好收场。权衡利弊，肯定会让他“受益”。但学校老师对每一位学生的成长负责任，他们不会坐视学生偏离教育的既定轨道而不闻不问；同学会和与自己有共同语言的同学交往成为朋友，而郭一洲的高高在上让大家觉得不舒服。

我对郭一洲的辅导：喜欢读书是好习惯，如何让大家感受到读书的意义呢？就是要做一个知书达理的人，上课时不经过老师允许就说话会让大家觉得你不懂得维护公共秩序，进而人家会说：“看书有什么用？根本不明事理！”这样不仅扭曲了自己的形象，甚至扭曲了读书多的人在公众心目中的形象，太可惜了。做一个规范的人，得到大家的认可，这样就有机会将自己的观点讲给大家听了。

我对王瑾的辅导：你们家属于男主外女主内分工模式，老公在外地打拼，为家庭创造物质财富，你照顾好家，培养孩子。你担心如果带不好孩子无法在老公面前交差。造成郭一洲逆反的最主要原因是母亲对自己、对儿子的人生要求是双标，自己得过且过，而对儿子却是高标准严要求。王瑾要树立一个良好的自我形象，身教重于言教，在孩子的心目中，你不敬畏工作，他就不敬畏学校规则；你每天玩玩乐乐，他就对学习提不起兴趣。你要做一个完整的生涯规划，选择自己喜欢的又能胜任的职业，投入更多的热忱去工作。王瑾接受了我的职业生涯规划，辞去了一眼看到退休的事业单位，加盟了一个美容美体连锁机构，接受公司的系统培训，她发现自己太热爱这项美的事业了，废寝忘食地学习，不仅提高了自己的生活品位，还体会到事业给她带来的成就感。郭一洲对她的态度也有了明显的改善。

学习可以分为 4 个层次：能够讲给别人听，能够做给别人看，能够教给别人学，能够创造新知识。只有获得较高层次的知识才能确保学习和职业生涯的成功。

能够讲给别人听，就是知情（What）和知理（Why）；

能够做给别人看，就是知行（How）；

能够教给别人学，就是更高层次的知行（How+）；

能够创造新知识，就是知变。

父母希望孩子热爱学习，那么自己就要热爱学习。

2003 年我在出版的《孩子快乐成长，您怎样呵护》一书中就提出“你想让孩子成为什么样的人，自己先成为什么样的人”的观点。

在我接待的厌学学生中，母亲是全职太太的占有很大的比例。在孩子的眼中，母亲不思进取，整天在家无所事事，专门想着如何整治孩子，而孩子所需要的有意义的支持，母亲却根本无法提供。母亲经常道听途说，用各种鸡汤忽悠孩子，一计不成就再生一计，用完全相反的鸡汤继续忽悠孩子，孩子已经对母亲的建议失去了起码的信赖。那么除了鸡汤，母亲还能用什么引领孩子呢？所谓引领，要先于孩子半步之外，像个向导，要对前面的路况有一个基本的了解，像牵引多节车厢的机车，既要牵引又要控制方向，还要制动或发出制动的信号。以其昏昏无法令孩子朝朝。各位渴望引领孩子的父母，你觉得自己能胜任吗？

在日常心理咨询中，父母对孩子身上的问题看得清清楚楚：懒惰、今朝有酒今朝醉、不为自己的未来着想……对孩子高标准的同时，是对自己的低要求。“我每天早晨五点半起床做早饭，晚上陪孩子写完作业都已经是深夜或凌晨了，夜里只睡几个小时，每天都是筋疲力尽的，哪里还有时间学习和成长呢？”“我这辈子没有什么指望了，就全身心地培养他，让他帮我实现我没有实现的梦想”。

他们的孩子还原了母亲一天真实的作息，每天早上送孩子上学之后，就东门溜西门串、找人聊天、玩麻将……中午回家睡两个多小时，晚上有精神了就熬孩子。在孩子的眼中，母亲懒散、不思进取，己所不欲施于人。

针对这类母亲中初始学历过低，已经很久不接触社会的，我就建议他们找一份力所能及的工作，比如幼儿园的生活老师或者物业人员，只有你每天按时去上班，就能从体力、精力和心理上与孩子达成同频共振，体谅孩子上一天学的辛苦，对孩子的要求就更符合实际，避免让孩子觉得母亲站着说话不腰疼，以为孩子在学校上课和你在家一样轻松自在呢。让全职母亲走出家门的过程比让长期辍学在家的孩子回归学校更难，他们会找出各种理由不出去工作：“老公工作忙没有时间照顾家，他不希望我去上作”“我没有学历又这么久不工作，哪里有单位接收呀？”“我懒散惯了，没有时间观念总是耽误事”……每当这个时候，我就会告诉她，她目前的心理状态和孩子是一样的，遇到困难总是找无法解决的理由，而不是积极地寻找克服困难、改善现状的办法。

除了鸡汤，你还能给孩子有效引领吗?

龚梅带儿子徐心亮来咨询，说儿子人生态度不积极，对什么都没有兴趣，做一天和尚撞一天钟，完全不想额外地多学一些什么。和父母很少交流，母亲为了能给孩子人生引领，如饥似渴地看心灵鸡汤，见缝插针，只要孩子不写作业就跟孩子说，比如，如何树立正确的人生观，不被周围不勤奋的同学影响；你只是看起来很努力，但你的努力无法满足你的野心等等。孩子面无表情，从不回应。

心亮告诉我，他对所有的新知都充满了好奇，他喜欢看商战小说，从中了解商人是如何赚到钱的；他喜欢看科幻，由此对物理更加感兴趣……他现在希望有机会参加一切探求新知的活动，但父母却认为除了课堂学习和取得好成绩之外一切都是浪费时间。一边渴望孩子树立远大的理想，一边又将孩子紧紧地捆绑在课堂的知识上。这怎么能激发孩子的学习动机?

我告诉龚梅，孩子有人生的方向，渴望拓展自己的视野，给孩子一些他渴望了解的硬壳知识。龚梅具有大学本科学历，目前在一个小企业做中层管理者，我建议她可以考虑去上个 MBA，通过学习，了解现在的社会到底发展到什么程度了，比如中美贸易战到底是为了什么？除了增加关税之外，还会有哪些形式？对双方的影响是什么？中国应如何应对？而这种应对会对哪些行业产生影响，等等。现在网络上的碎片化知识很多，但成体系的知识才最有价值，母亲如果通过自己系统的学习给孩子讲出来，这是多么有意义呀。

母亲是孩子的人生榜样，无论是好的，还是不好的。你遇到困难是勇往直前还是找理由退缩？抑或是把责任都推卸给别人，孩子都会模仿你。

龚梅与儿子之间的关系代表了许多家庭的亲子关系，在荣辱方面亲子是嵌入式的，但在心灵陪伴上却是过度疏离，父母完全不知道孩子的所思所想，有的甚至会误认为孩子患上了严重的心理疾病。

面对“无药可医”的儿子，父母恐慌了

小炜小学三年级开学，依然沿袭着一、二年级时的心不在焉，总是愣神，不能跟上老师的节奏；不遵守纪律，第一排学生打喷嚏，他下座位给人家送纸巾；课后服务时间不写作业，回到家母亲检查作业时发现他课本上的知识基本没有吸收，得从头给他讲，每天作业写到深夜……父母苦口婆心讲过、声色俱厉骂过，小炜当时痛哭流涕跟父母保证痛改前非，但第二天故伎重演，没有一丝一毫的改善。

父母恐慌了，他们和老师一起讨论是什么原因造成孩子这样难教化，但毫无头绪。母亲辅导孩子学习时，明显感到他眼里没有光。

在我的眼中，小炜有礼貌、思维严谨、语言表达清晰。为什么不听课、不写作业呢？他和几个小哥们组建了“公司”，因为“经营理念”的分歧，他总是想方设法地说服他们接受自己的思路，但无法达成一致，他要“辞职”，却由于对方已经付出了“零食”，不接受他的“辞职”……我和孩子在咨询室里有说有笑，在大厅里等待的母亲却充满了疑惑，平时不和自己说话的孩子为什么和丽珊老师能说那么多？孩子说在父母眼中说学习以外的事情纯属浪费时间……

父母不了解孩子的所思所想，孩子得不到来自父母的理解和支持。前文中的心亮和一洲不也是这样吗？丽珊幸福心理所说的半步之外，既要避免相互嵌入，更要避免心灵的过度疏离。

微信扫一扫
二维码收听

微信扫一扫
二维码收听

微信扫一扫
二维码收听

不同的爱给不同的孩子

什么样的家庭会陷入“丧偶式”家教模式？母亲太过强大，她们觉得自己有足够的力量带大孩子，父亲干什么都无法达到母亲的要求；母亲将孩子视为自己的宝贝，不愿让父亲参与过多；夫妻的教育观点不一致，总是争吵，索性母亲一个人带了；父亲从来没有进入角色，没有和孩子建立起浓厚的父子感情。

什么情况下会出现“诈尸式”家教模式呢？母亲和孩子经常陷入无休无止的争吵，令父亲不堪其扰；母亲经常向父亲抱怨孩子不听话，父亲给母亲撑腰；母亲抱怨父亲没有家庭责任感，袖手旁观，父亲将对母亲的负面情绪释放给孩子……父亲在对孩子全然不了解的情况下“诈尸式”地训斥孩子一番，不但不会有积极的作用，反而会恶化父子关系，父子情感的过度疏离造成孩子严重缺乏安全感。为了孩子健康成长，有智慧的母亲要从怀孕就邀请父亲参与孕育和陪伴孩子成长的全过程。

邀请父亲参与孩子成长全过程

一、孕期，准爸爸进入父亲角色

老公对妻子怀孕的投入度因人而异。有的在得知妻子怀孕的第一秒就变得超级体贴，主动积极参与怀孕的全过程，对即将成为父亲高度兴奋，“入戏”很快。也有一些老公想到他们即将短期失去（比如畅快淋漓的性生活）和长期失去（妻子眼中唯一重要的人）的权益，觉得生儿育女就是付出。还有的会为孩子出生后经济上巨大的支出而担忧焦虑。

怀孕了，应该如何邀请老公参与孕育的全过程，使其做好充分的心理准备和妻子一起迎接小宝贝的到来呢？

首先，要和老公分享怀孕的感受，用“我们有孩子了，属于我们俩的孩子”之类的话将老公带入情境。大到一些家庭决策，小到为孩子购买什么物品，不要一个人做决定，要和老公好好商量，共同决定，让他逐渐加深你们已经有孩子的印象，并积极去适应这种新生活。

怀孕时，妻子因为生理变化而出现情绪的剧烈波动，此时要以积极的态度面对，跟老公说说生理上的变化，内心的焦虑或紧张，但千万不要抱怨，“为了给你生孩子，我受了这么多的罪。”“为什么两个人的事情要我一个人承担，你却独自逍遥……”

其次，妻子要和老公一起接受产前训练和体能训练。夫妻共同了解更多的怀孕知识，老公通过科学的方法了解妻子怀孕和分娩过程的艰辛，由此对妻子产生敬意和关爱。在活动中，老公有机会与其他准爸爸一起分享陪伴妻子怀孕的感受，强化带入感。

再次，让老公觉得你和孩子都需要他。当妻子对肚子里的宝宝投入的情感越来越多时，老公会产生失落感，觉得妻子不再需要他了。妻子要清楚地告诉老公自己的需求，而不是事后埋怨他不够体贴。请他每天多次轻抚肚子和孩子对话，和孩子建立起父子感情。

二、0~3 岁，父婴交往的独特作用

孩子出生后，父亲的参与对孩子心理发展的作用更不可低估、不可忽视。由于父亲角色的特殊性，父婴交往对孩子发展具有独特的作用。

父亲是孩子重要的游戏伙伴。许多研究表明，孩子在头 3 年内与父母形成的关系类型是不同的：孩子痛苦时，他更多地从母亲那里寻求安慰；孩子想玩耍时则更多地选择父亲。

父亲是孩子积极情感满足的重要源泉。由于父亲与孩子玩一些兴奋、刺激、变化、多样的游戏，而非像母亲一样更多地做传统、安静、缺少变化的游戏，因此，在与父亲共同游戏的过程中，孩子感到更多的是兴奋、快乐与满足。

父亲是孩子积极个性品质形成的重要源泉。父亲通常具有独立、自信、坚毅、勇敢、果断、坚强、敢于冒险、勇于克服困难、

富有进取心、合作精神、热情、外向、开朗、大方、宽厚等个性特征。孩子在与父亲的交往中，一方面接受影响并不知不觉地学习、模仿；另一方面，父亲也自觉不自觉地要求孩子具有以上特征，尤其对男孩要求更严格。如果父亲缺席，对孩子个性发展特别不利，儿童年龄越小，影响越大。

父亲对孩子的社交需要的满足、社交技能的提高也具有极其重要而特殊的作用。父亲有助于扩大孩子的社交范围，丰富孩子的社交内容，极大地满足孩子的社交需要。同时，父子交往有助于使孩子掌握更多、更丰富的社交经验和社交技能。这样的孩子在人际交往中更受欢迎。一方面父亲影响了孩子的交往态度，使孩子喜欢交往，更加积极、主动、自信、活跃；另一方面，因为父亲在与孩子游戏中，更多以平行、平等的形式，采取积极、鼓励的态度，而较少自上而下的直接教导，不给孩子更多的操纵，这无疑有助于孩子学会更多的社交技能。

父亲是孩子性别角色正常发展的重要源泉。父亲积极参与孩子交往，有助于儿童对男性和女性的态度有积极、适当而灵活的理解；如果父亲缺席，男孩的男性特征和女孩的女性特征都会受到削弱。有研究表明，男孩在 4 岁前无法得到父亲的关爱，会使他们缺乏攻击性，在性别角色的测试中倾向于女性化的表现——他们喜欢非身体性、非竞争性的活动，如看书、看电视、听故事、猜谜语等。6 岁以后失去父亲的关注对他们的独立性、攻击性、依赖性或性别角色的发展影响相对较小。而女孩若是在 5 岁前无法经常性地与父亲交流，在青春期与男性交往时会表现得焦虑、不确定、羞涩或者无所适从。因为她们缺乏一个稳定、可靠、有力的男性榜样。

父亲有利于孩子的认知水平的发展。孩子从父亲那里更广泛地认识自然、社会，并通过操作、探索、变换多样的活动或者玩法，使儿童逐步培养起动手操作能力、探索精神，刺激孩子的想象力，培养孩子动脑、创造意识，并发展孩子旺盛的求知欲和好奇心。凡是与父亲在一起交往机会多的孩子，尤其是男孩，其智力较发达，智商也较高，在我 28 年的心理咨询过程中发现，父亲的缺席会影响孩子的理科，尤其是数学学科的成绩。

三、让父亲在陪伴孩子成长中收获存在感

女神节前夕，我接受《今晚报》记者刘颖老师的采访，《为中年老母亲“解套”支几招》，所谓中年老母亲不过是些小学生的母亲，30 多岁就将自己称为老母亲，很有沧桑感！职场妈妈误将全职妈妈的做法当作标配，觉得力不从心，对老公心生抱怨，你为什么就不能按照我的意愿来分担一些呢？而老公认为小学 3 年级以上的孩子完全可以自己收拾书包，学会使用记事本记录所有的任务和作业，不用对孩子过度管理……在妻子心目中老公的话就是偷懒、推卸责任，事实是怎样的呢？

为了夫妻感情，我对孩子的教育只能装聋作哑

刘鹏是一名理发师，他的女儿 4 岁多了，他觉得特别心累，坚决不生老二。在他的心目中如果生了孩子又不能很好地教育，

让孩子未来无法立足社会简直就是造孽。他善于学习和思考，在他眼中如果孩子被凳子绊倒，成年人尤其是老年人为了哄孩子就打凳子，说凳子绊了宝宝，这无疑让孩子养成推卸责任的习惯。在他的日常生活中，这种情况比比皆是。女儿在1岁前特别可爱，妻子在老家带孩子，他只要时间方便就恨不得跑回家看孩子。后来妻子上班了，姥姥帮着带孩子，无原则地宠，不给她立规矩，孩子变得越来越刁蛮。在家里她要什么就给她什么，到了外面和小朋友在一起时总是抢小朋友的玩具，被大家排斥。刘鹏告诉姥姥不能溺爱孩子，老人说他不经常在家，和孩子接触少没有感情，每次看到孩子就是挑毛病。刘鹏妻子说，老人帮助带孩子，要感恩，不能提出不同的意见。

刘鹏回到天津辗转反侧，担心这样下去孩子会被带坏，于是下定决心，租了更大一点的房子，把妻子和孩子接到天津来。现在孩子4岁了，妻子还喂饭，他坚决制止，妻子说平时他不在家时孩子自己吃得特别好，只是他在家就表现不好了……刘鹏心里清楚，妻子也觉得喂饭不对，但还要强撑着说平时孩子自己吃得好……刘鹏急眼了，当面戳穿。妻子特别委屈，哭诉刘鹏根本不体谅她的辛苦，看不到她的付出，总是批评她。刘鹏意识到在教育孩子方面的分歧已经严重地影响了夫妻间的感情，为了维系夫妻感情就必须睁一眼闭一眼，那如果孩子浑身是毛病，以后无法融入社会怎么办呢？

对待子女教育父亲往往更冷静、更科学，他们的建议有一定的借鉴意义。如果母亲因为个人情绪而听不进父亲的话，那么就会错失让自己的思维更立体的机会。慢慢的父亲不再参与孩子的教育了。直观表现就是他回到家不停地玩手机，听到母亲和孩子争吵特别反感，依然袖手旁观，为什么？你不是不让我管吗？你不是不听我的建议吗？父亲实在太反感母亲的喋喋不休了就会迁怒于孩子，“你怎么就不听她的话呢？”对孩子大发雷霆。

给父亲们的建议：在孩子的成长过程中，母亲投入的精力、爱心和时间远远多于父亲，所以作为父亲要体谅母亲有一种“孩子是我的劳动成果，你否定孩子就是对我的付出全盘否定”的心理，平时要多多关心母亲，让母亲知道你对她的付出是心里有数的。同时，你在指出孩子的问题之前，应该先看到孩子的优点，这样母亲更容易接受。

给母亲们的建议：男女两性的思维方式和对待问题的观点是不一样的，每当父亲提出孩子的问题时，不要先想到是他挑剔你，而要以空杯之心聆听父亲的建议，双方的共同目标是孩子要身心健康，要受周围人的欢迎，从而收获幸福感。

你家孩子属于什么气质类型

一、气质类型的概念

气质类型是人格的重要组成部分。人格是指一个人比较稳定的心理活动特点的总和，包括性格、兴趣、爱好、气质、价值观等。气质类型强调人在先天环境中形成的稳定的内在特质。气质类型是表现在一类人身上共有的或相似的心理特性的典型结合。构成气质类型的心理特性有感受性、耐受性、不随意反应性、反应的敏捷性与灵活性、可塑性与稳定性、内外倾向性、情绪的兴奋性、情绪与行为特征等。这些心理特性的不同结合，就构成不同的气质类型。先介绍一下相关的概念：

1. 感受性：即接受外界刺激的感觉能力。

有人善于察觉事物的细小变化，而有的人则很粗心，对于一些变化熟视无睹。

2. 耐受性：对外界刺激的忍受能力。

举一个例子，午休时，教室外响起了电钻的声音，第一位同学怒不可遏地站起来，冲出去要看是谁在存心捣乱；第二位同学拿着书本默默地走出教室；第三位同学放下手中的作业，凑到同学那里，“我们唱歌吧，反正也写不下去了。”有几位同学好像什么也没有发生一样，依然安静地写着作业。猜一猜他们分别是什么气质类型？第一位是胆汁质，尽管胆汁质的人耐受性比较高，但性格比较暴躁，属于点火就着的个性。第二位是抑郁质，抑郁质的人耐受性是最低的，而他们又有极强的敏感性，很容易疲劳、抑制。第三位是多血质，在复杂刺激下可以保持充沛精力，虽能承受刺激，但容易转移注意力。第四位是黏液质，既能忍受刺激又能保持稳定。

3. 不随意的反应性：在没有事先准备的情况下的反应。

在短跑中经常抢跑的选手不随意的反应性是强还是弱？抢跑本身是对其自身不随意反应性差的自我保护。

4. 反应的敏捷性：包括身体和思维的灵活性和敏捷性。

有的学生上课经常就课堂内容相关的话题搭话茬，排除遵守课堂纪律意识不强外，也证明了其思维敏捷性。

5. 可塑性：即人的适应能力。抑郁质的人适应能力最薄弱，尽量减少变化环境的次数。

6. 情绪的兴奋性：指神经系统的强度特性。比较直观的就是性格的内、外向。

二、当专制式的父母遭遇林黛玉式的孩子

当专制式的父母遭遇林黛玉式的孩子，他们之间将是怎样的互动呢？有的朋友可能会认为孩子像个小羊羔一样，被父母完虐；也有的朋友可能会想到无论父母如何着急上火，孩子依然慢慢悠悠，父母只能干着急……如果这种情况持续下去，父母缺乏最基本的自知，一意孤行地认定自己是正常速度，孩子就是懒惰、不上进，唯有不断鞭策才能让他加快速度的话，就会出现比较极端的结果，把孩子“逼”成人格障碍或心理疾病。这些孩子就算有幸得到良好的心理咨询，但已经造成的现实损失，比如学业上的

停滞、自信心的摧毁，回避人际交往也生成了。丽珊幸福心理倡导父母和孩子保持半步距离，用温和管教助推孩子自主成长的前提就是全面读懂孩子，给孩子最需要能接受的爱。

胆汁质的父亲看不得孩子的萎靡

吴杰俊因为焦虑而休学两年了，高二再次复学后，努力学习成绩名列前茅，父母认为只有孩子保持成绩优秀才能坚持上学，为了让孩子“将优秀变成一种习惯”，父母不断激励孩子。期中考试后，孩子每天回家不打开书包，倒头就睡，每天基本睡上 12 或 13 个小时，父母着急了，如果这样下去，期末的成绩就难以保持优秀了，下学期肯定又不上学了。

胆汁质的父亲慨叹孩子不随自己，没有精气神、没有阳刚之气、没有血性……在父母的“鞭策下”，吴杰俊索性又不去学校了，终日把自己关在房间里。父母千里迢迢把孩子带到我的咨询室，通过交流，我明确告诉父母，孩子是抑郁质，属于人群中最敏感的人。因为他们的敏感，接受外界刺激的宽度和广度大于周围人，一旦外界环境嘈杂，就会产生强烈的疲劳感。这就造成他们是人群中最累的，需要用长时间的睡眠来修复。

抑郁质的人适应环境能力差，容易疲劳，极度内向。孩子复学回到学校进入新的班集体对他来讲是很有挑战性的，为了回避人际互动，他专心学习。而抑郁质人的特点是工作细心，审慎、认真，观察力十分敏锐，集中力超群，所以能取得好成绩。但随着在班级的时间越来越长，就算他回避与别人交往，别人也会与他互动，这就加大了他的心理压力。而此时父亲对他的鼓励不但不会激发他，反而让他陷入新的焦虑，认为自己不够优秀，有可能被理解为窝囊。又因为抑郁质的人严重悲观，所以他认为就算去上学，就算成绩好，也同样难以融入环境，难以自食其力，既然注定了没有未来，那为什么还要努力呢？

胆汁质的成年人具有以下特点：热情、直率、冲动，情绪忽高忽低，喜欢新环境带来的刺激，工作干劲大。性格具有明显的外向性。他们是人群中生命能量最旺盛的人，精力充沛但易暴躁，每天睡眠时间一般 4 个小时就可以了。他们极具煽动性，会通过各种手段将自己的理念传播给其他人。有很好的执行力和持续力，不达目的不罢休。

胆汁质的父母一定不要跟抑郁质的孩子说“狠话”，你说过就忘了，但抑郁质的孩子在情感上是“慢且深刻”的，你的狠话会永远留在孩子的脑海中，挥之不去。

三、孩子的气质类型和父母教养方式

婴儿出生后即表现出气质上的差异，2 岁儿童就具有气质类型的轮廓。在各种个性心理特征中，气质是最早出现的，也是变化最缓慢的。我综合了近 30 年对幼儿的观察和相关的文献创作出丽珊—幼儿气质类型测试。下面我们介绍一下各种气质类型的特点及父母教养方式。

1. 胆汁质

特点：胆汁质幼儿的中心特点是“急”，他们是同龄人中精力最旺盛的。胆汁质的人又称为兴奋型（不可遏止），属于兴奋而热烈的类型。代表人物为希特勒。

优点：积极进取，不怕困难，热情高涨，直率豪爽，有魄力。

缺点：急躁、暴躁和焦躁，行事鲁莽，易因小事而大发脾气，产生对立情绪，萌生报复心理，办事不考虑后果，事后又后悔，但“虚心接受，坚决不改”。在遇到不如意时，甚至会欺负无辜来发泄不满。

父母教养方式：

胆汁质的孩子一般比较粗心大意，容易出错，情绪不稳定，可能会和其他人打架，做事不踏实。针对这类孩子，多做一些手工、画画、书法、围棋等活动，培养孩子的理性思维，让其静下来，提高其细心分析问题的能力，帮助孩子调节好情绪，慢慢改掉粗心马虎的习惯。

对待胆汁质的孩子，父母需要克制自己的消极情绪，保持好脾气，特别要注意的是，批评孩子时态度一定要冷静有耐心，并给孩子留一段反省的时间。父母不能用简单粗暴的方法对待胆汁质幼儿，否则只会激化矛盾，让他们更加暴躁。

2. 多血质

多血质幼儿的中心特点是“活”。他们是同龄人中最灵活、最能融通的。多血质的人有朝气、热情、活泼、爱交际、有同情心、思想灵活；也容易出现变化无常、粗枝大叶、浮躁、缺乏一贯性等特点。这种人活泼、好动、敏感、反应迅速、喜欢与人交往、注意力容易转移、兴趣和情感易变换等等。

优点：在群体中精神愉快，朝气蓬勃，能迅速地把握新事物。兴趣广泛，活泼好动，善于交际；思维敏捷；容易接受新鲜事物；适应新环境能力强，在任何场合都不会太过拘谨。

缺点：比较情绪化、情绪来得快去得也快，喜怒形于色；情感体验不深刻，做事时如果不顺利，热情很快就会消失。

父母教养方式：

引导多血质的幼儿做事专心致志，持之以恒，敢于面对困难，使之养成做事有计划，有目标并努力落实的习惯，引导他们保持稳定的兴趣。父母决不能讽刺挖苦孩子，以免打击他们的积极性。

3. 黏液质

黏液质幼儿的中心特点是“慢和细”。他们是人群中最守纪律、最平和的人。这种人又称为安静型，行动缓慢而沉着，严格恪守既定的生活秩序和工作制度，不为无谓的动因而分心。黏液质的人态度持重，情感上不易激动，不易发脾气，也不易流露情感，能自治，也不常常显露自己的才能。

优点：稳重，考虑问题全面；安静，沉默，善于克制自己，善于忍耐。情绪不易外露；注意力稳定而不容易转移，外部动作少而缓慢。

缺点：黏液质的人做事不够灵活，不善于转移注意力。惰性使他因循守旧，表现出固定性有余，而灵活性不足。在面临压力时，不但不会主动应对，反而容易采取回避。压力越大，他们越容易通过各种消极形式来放松自己，比如玩游戏、聊天等。黏液质的人喜欢把事情拖到最后再做。

父母教养方式：

父母应引导他们有创意地完成任务，防止墨守成规。父母对孩子的要求既不能太高也不能太低，以孩子经过努力能达到为标准，然后慢慢提高要求，不然这类孩子极易由于压力而感到过分焦虑。告诉孩子要敢于表现自己对群体活动的热情，不要因为过于冷静而被误认为冷漠，被群体边缘化。

4. 抑郁质

抑郁质幼儿的中心特点是“敏感”。他们是人群中睡眠时间最长的人，他们对一切都表现出极度敏感，并具有天然的悲观色彩，属于人群中心思最重的人。他们的适应力弱，极度慢热。而一旦投入就会很深刻，用“慢且深刻”最能代表他们在情感上的特征。因为过于敏感而处于疲劳之中。

优点：抑郁质的人为人小心谨慎，思考透彻；观察细致、敏感，能够明察秋毫。具有艺术天赋。

缺点：抑郁质的人一般表现为行为孤僻、不太合群、表情腼腆、多愁善感、行动迟缓、优柔寡断，具有明显的内倾性。

父母教养方式：

他们需要父母更多的爱和关注。父母应多带孩子外出，扩大孩子的交往圈，消除其胆怯和害羞的心理，防止疑虑、孤独、被嫌弃等消极品质的产生。特别需要注意的是，这类孩子自尊心极强，父母千万不要在公开场合粗暴批评和指责孩子，否则可能对孩子造成难以弥补的伤害。

母亲让孩子与时间赛跑

于思薇是一位黏液质的女生，她从小就听从胆汁质的母亲为她安排的一切。反应敏捷的母亲不仅事无巨细地照料她的生活，而且替她选择交往的人，替她评价周围人对她的态度、替她思考，帮她做选择……小时候思薇安心地两耳不闻窗外事，一心只读圣贤书，成绩优异。但随着进入青春期，孤独的她开始审视母亲给自己的安排，她没有快乐，没有小伙伴，她的生命中只有母亲一个人，而她又无论如何难以完美地达到母亲对她的要求。母亲告诉她，人要提高效率就要做着第一件事，想着第二件事，同时看着第三件事，这样第一件事做完了，马上就可以开始做第二件事了，无缝对接不浪费时间。母亲的要求让思薇陷入深度的焦虑和自责之中，因为她只能做一件事，只要一想第二件事，第一件事就做不下去了。为了让自己能够专注地将第一件事做好，她不断地试图用各种行为来叫停自己想第二件事。时间长了，她开始出现反复的动作和强迫性思维，被心理医生诊断为强迫症。

孩子看着母亲快人快语，一个人能胜任多种角色，内心既羡慕又自卑，为什么人与人之间的差异这么大呢？

对胆汁质父母的温馨提示：将提高情绪管理能力作为自己一生的课题。胆汁质的人不仅在生活中给伴侣、子女带来压力，在工作中也会出现此类情况。我担任 20 多年的企业心理顾问，为大量的企业员工提供心理支持，深刻地感受到胆汁质的人如果善于情绪管理，他们会成为人群中的领袖；但如果他们不善于情绪管理，则会经常挑战权威，激化和同事的关系，尽管他们很聪明、有能力却往往被领导打压，处于怀才不遇的状态，而这种状态又激发他们的愤世嫉俗，陷入职业危机的尴尬之中。

尊重差异，优秀的人是可以进入对方的频道思考问题，制定行为节奏的。只有了解孩子，才能避免心灵层面的过度疏离，才能给予孩子所需要的关爱。

心灵测试：丽珊—幼儿气质类型测试

请你根据对孩子的观察给每题打分，孩子很符合情况为 A，记 4 分；比较符合为 B，记 3 分；比较不符合为 C，记 2 分；完全不符合为 D，记 1 分。

题号	题目	A	B	C	D
1	孩子总是连蹦带跳，手舞足蹈，走路都不会好好走，经常跑来跑去，不知疲倦				
2	孩子易于察觉别人不易察觉的事情				
3	孩子大多数时候总是开开心心的，即使有不高兴的事情也会很快忘却				
4	孩子在受到委屈或是不开心时，会自己躲到一边抹眼泪				
5	给孩子一种新的食物，孩子会很快接受				
6	孩子不喜欢说话，喜欢一个人玩，有时会推开凑过来的小朋友。不愿意和陌生人接触				
7	孩子理解事物快，上课积极举手发言				
8	孩子的睡眠特别沉，一般不会被外界的响动所惊醒				
9	孩子上课时坐不住，随便站起来，或在椅子上乱动，常常发出叫声				
10	孩子的情绪不易外露，就是被表扬也面无表情				
11	家里来客人时，孩子特别兴奋，不断在客人面前转，还老爱插话				
12	孩子很自律，事情一定做到自己满意为止				
13	孩子性子很急，一切动作都是快的				
14	孩子的睡眠时间比其他小朋友都长				
15	孩子好动，动作的协调性不错				
16	受了委屈，负性情绪会持续很长时间				
17	孩子爱逞能				
18	孩子上课时很安静，总是一个姿势坐着				
19	对他不感兴趣的课不能集中注意，做小动作				
20	孩子上课注意力集中，不受外界影响				
21	孩子玩玩具时，如果有什么响动，马上会停下玩耍去看发生了什么事				
22	吃饭时，无论什么饭菜从不会大口吃				
23	孩子能较快地适应新环境				
24	孩子会固执地将东西放回原处				
25	孩子会不断地变换玩具，对任何玩具都没有太大的耐性				
26	孩子的一切动作都比较慢				
27	孩子喜欢和小朋友一起玩，并能够成为小领袖				
28	孩子平时不活泼，表现为安静和退缩				

请将以上各气质类型相关的题目得分相加，如果某类气质得分明显高出其他三种，并均高出 4 分以上，则有可能为该类气质；如果你的孩子某一种气质得分为 12 分，说明他具有这种气质类型的特点；如果得分为 16 分，说明他是这种气质类型；如果 20 分以上，说明他是典型的这种气质类型的人。

得分 气质类型								
胆汁质	1	5	9	13	17	21	25	
多血质	3	7	11	15	19	23	27	
抑郁质	2	6	10	14	18	22	26	
黏液质	4	8	12	16	20	24	28	

在现实生活中，只有少数的人属于上述四种典型的气质类型，大多数人属于介于两种气质类型之间的中间类型。两种气质得分相差低于 3 分，而又高出其他两种气质得分 4 分以上，则定为两种气质的混合型。但并不是所有的两种气质都可以混合。那么哪两种气质可以混合呢？请看下图：

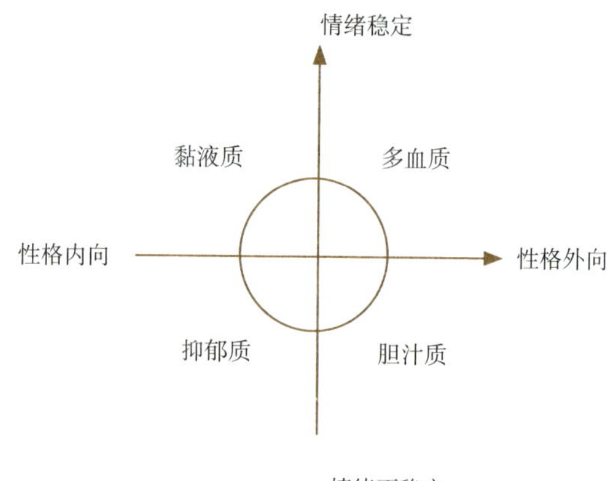

图 1-2-1　丽珊—幼儿气质类型示意图

根据20年对气质类型的研究和大量实际测试跟踪分析，我创立了丽珊—幼儿气质类型示意图，用坐标系直观地反映气质类型的特质。

我以情绪内在稳定性与否做纵坐标，正向为稳定，负向为不稳定；以外显性格的内外向为横坐标，正向为外向，负向为内向。由此四个象限代表了四种气质类型的基本特点。

外向且稳定的是多血质；外向且不稳定的是胆汁质；内向且稳定的是黏液质；内向且不稳定的是抑郁症。在这里我要强调一点，“情绪的稳定”是指情绪波动的振幅大小，比如多血质和黏液质的情绪波动振幅相对于抑郁质和胆汁质就会小很多。但情绪不稳定并不意味着心理不健康。

由此我们不难看出：

多血质和黏液质可以混合，它们的共性是情绪稳定；

抑郁症和胆汁质可以混合，它们的共性是情绪的不稳定；

多血质和胆汁质可以混合，它们的共性是性格的外向；

黏液质和抑郁症可以混合，它们的共性是性格内向。

人的气质类型是无所谓好和坏的，只是为因材施教提供了科学依据。每一种气质类型的孩子都能成才。对幼儿的教育必须考虑到幼儿的气质特点，只有在了解儿童心理发展的年龄特征的基础上，全面充分地了解每个孩子的气质类型特征，才能找到适合自己孩子的有针对性的教育方法，对孩子的身心和谐成长保驾护航。

你家孩子属于哪种依恋模式

一、母亲在孩子成长中的重要作用

母亲在孩子成长过程中是最重要的，是不可替代的。与母亲情感链接好的孩子情绪比较稳定，善于人际交往；与母亲情感链接不好的孩子则会性格孤僻，难以和周围人互动。

母婴依恋指幼儿与母亲间的情感联结，表现为幼儿努力寻求并企图保持与母亲之间亲密的身体联系，因为与母亲在一起能使他得到最大的舒适感、安慰与满足。依恋不是突然发生的，而是在幼儿阶段母亲长时间的陪伴中逐渐建立起来的。

在幼儿心理发展过程中，幼儿所接触的人对他的影响至关重要。幼儿只有在与人交往、相互作用的过程中，才能逐步发展起其自身的心理能力和社会性。而对于幼儿来讲，最经常、最主要的接触者就是母亲。她们对幼儿的心理发展起着重大的影响作用，是幼儿生活和发展的“重要他人”。

在幼儿早期的社会性交往中，与母亲的交往占据了最重要的地位。在幼儿感到不舒服时帮助他消除不适刺激，给他抚慰；在他有困难、有危险时给他以保护。

母亲是幼儿游戏的主要伙伴，她和幼儿一起玩玩具、搭积木、绘画、拼图、玩藏猫猫、唱歌谣、讲故事。在日常照料和游戏中，母亲还不断和幼儿谈话，给幼儿指认东西，告诉幼儿物体的功能，日常生活常识，教给幼儿物体、玩具的用法、玩法。母亲影响孩子的认知、情感、社会性、行为等各方面的健康发展。

母亲对孩子的语言发展作用很大。她为幼儿提供很多的语音刺激，给以丰富的表达内容，提供最多的交流机会，引发幼儿表达愿望，教给幼儿陈述、请求、提问、赞同等方式，给以幼儿最丰富的语言反馈。如果母亲缺席，则会使幼儿的语言发展受损。

母亲对幼儿情绪情感的丰富和积极、健康的发展也产生着重大影响。母亲抚摸、亲吻、拥抱幼儿，向幼儿微笑、点头。对幼儿轻声说话、引逗幼儿发笑。关注幼儿的反应和需要，并注意满足他。这些都有助于激发和培养幼儿的积极情绪情感，在幼儿各种基本情绪的产生、分化中和高级社会性情感的形成、发展中都起着重要作用。

母亲也为幼儿奠定社会性行为，是幼儿社会交往发展的重要基础。在母亲的指导下，幼儿习得了大量的社会行为规范，形成许多良好的社会行为，尊敬长辈，讲礼貌；学会参与交往、主动发起交往、维持交往、解决矛盾、冲突，使交往顺利进行，习得了最初的社交技能，积累了初步的交往经验。

无论什么原因，如果在孩子 3 岁以前母亲离开孩子，都会因为母婴依恋没有完全建立而对孩子的个性造成不可逆的损伤。爱孩子就一定要陪伴在他身边吧！

二、不同依恋模式的孩子的行为特点

幼儿阶段的教养方式会促成依恋模式的形成，在幼儿阶段，不当的教养方式会无意中让孩子形成不安全型依恋。

20 世纪 70 年代末，美国心理学家玛丽·艾因斯沃丝设计了一种专门研究幼儿依恋的方法，叫作陌生情境测验。在这项测验中，她先让母亲抱着孩子进入一间实验室，玩几分钟玩具后，让母亲离开房间，观察孩子的表现。过一会儿，母亲回来，再观察孩子的表现。以此来判断孩子属于哪种类型的依恋模式。

1. 安全型。在母亲站起来要离开房间时，孩子会焦虑，会追着母亲，但是过一段时间，孩子慢慢安静下来，继续玩玩具。等母亲回来时，孩子很开心，两只手张开，期望母亲抱，母亲把孩子抱起来，一会儿他就不要母亲了，继续玩玩具去了。这类人在人群中占 60% 左右。他们长大后会有足够的安全感和满足感，在人际关系中会有正常的表现。

2. 回避型。当母亲站起来要离开房间时，孩子漠不关心，好像跟他没有一点儿关系。母亲回来后，孩子仍没有任何反应，继续将自己的注意力投入到玩具上，这样的孩子往往被父母误认为是听话的孩子。心理学家研究发现，一般情况，婴孩发出八次爱的邀请，没有得到回应，心中感受到被拒绝，就选择放弃。这样的孩子成人后在人际关系中经常抱怨对方看不到自己的付出，没有给予自己爱，或给予的爱远远不及自己所付出的爱，他们不会用积极的方式沟通来改善关系，而是压抑自己的欲望，表现出无名的绝望。这类人在人群中占 20%。

3. 焦虑—矛盾型。当母亲站起来要出去时，孩子抱住母亲的大腿不让母亲走，追到大门口，母亲走了之后大哭，安静不下来，不再玩玩具……当母亲回来时，焦虑型的孩子就跑过去，牢牢地抱着母亲，有的孩子还会打母亲。他们抱着母亲紧紧不放，再也不去玩了，生怕母亲还会走。这类孩子成人后，在人际交往中总是希望将朋友和自己牢牢地捆绑在一起，不允许别人介入到他们的友情之中，使朋友感觉到窒息，被迫选择逃离。而朋友的逃离再次证明紧紧捆绑友情的必要性。这种类型的人在人群中占10%。

4. 紊乱型。当母亲要走时，他想要追上去，却又僵在那里。更让人触目惊心的是母亲回来时，孩子把双手张开，人却是向后倒退，为什么会有这样的现象？出生在暴力的家庭，生理上受过侵害的孩子往往会成长为紊乱型，他认为他最爱的人恰恰是带给他最大痛苦的人。在人际交往中往往处于两难状态，渴望和对方成朋友，却不知道这种友情会带来什么样的后果，充满纠结，反复地考验对方，直至对方放弃交往。这种类型的人在人群中占10%。第十一讲《喜怒无常的父亲对女孩的伤害到底有多大》中的Eva就是紊乱型依恋模式。

三、不同的教养方式培养不同的依恋模式

1. 安全型依恋模式

这类孩子的父母认为，从孩子一出生，自己就应该做一个负责任的养育者。他们对孩子的表情和发出的各种信号极为敏感，他们会认真分辨信号背后孩子真正的内心需求，并给予孩子正确的回应。他们愿意跟孩子进行亲密接触，主动地调节自己的行为以适应幼儿，而非以自己的个性、情绪要求幼儿，或把自己的行为习惯强加给幼儿。富有充满感情的、积极的情绪表达，与幼儿的接触总是充满爱抚；积极鼓励幼儿探索周围的环境和事物，并在他们需要的时候给他们提供帮助和保护；喜欢与幼儿的身体密切接触，如搂、抱、亲吻幼儿，并从中感到快乐和喜悦。

2. 回避型依恋模式

这类孩子的父母有多种类型。有的父母对孩子缺乏耐心，当

孩子干扰自己的计划或活动时，就会生孩子气或埋怨孩子，对孩子的信号反应迟钝，或根本不予回应；有的父母对孩子经常表现出消极情感，即使对孩子表达积极情感，程度也很微弱，他们不会紧紧抱住孩子，不会热情地亲吻孩子。他们往往刻板、僵化、以自我为中心和拒绝孩子。

3. 焦虑—矛盾型依恋模式

这类孩子的父母看上去愿意与孩子进行亲密的身体接触，但他们常常错误地理解孩子发出的信号，不能与孩子形成同步互动。这些孩子当中有些属于难养育型儿童，易激惹或反应迟钝。他们的父母在养育过程中没有主见，养育方式自相矛盾。对孩子的态度取决于自己的心境，有时热情，有时冷漠，使孩子产生悲伤和怨恨，不能从母亲那里获得必要的情绪支持，缺乏起码的安全感。

4. 紊乱型依恋模式

这类孩子的父母有暴力行为或暴力行为倾向，这里所说的暴力行为既包括行为暴力也包括语言暴力。孩子在惊恐和慌乱中成长，他们根本不知道自己的哪个行为是对的，是可以获得积极支持的；哪个行为是错的，会遭到父母的暴力。他的退缩是为了避免遭受伤害。

如果父母在孩子很小的时候就阅读了本书，我想他们的孩子就有福气了，父母改善教养方式，孩子就有可能形成安全型依恋模式，建构起更加积极、自信和乐观的人生。

青春期的主题：自我同一性

美国著名的发展心理学家和精神分析学家艾里克森（1902—1994）把自我意识的形成和发展过程划分为八个阶段：婴儿期（出生到1.5岁）、儿童期（1.5～3岁）、学龄初期（3～6岁）、学龄期（6～12岁）、青春期（12～18岁）、成年早期（18～25岁）、成年期（25～65岁）和成熟期（65岁以上）。每一个阶段都面临成长的核心任务，核心问题解决之后所产生的人格特质，包括积极与消极两方面。如果各个阶段都实现了积极品质，就完成了该阶段的任务，逐渐形成健全的人格，否则就会影响下一个阶段任务的完成，产生心理危机，出现情绪障碍，形成不健全的人格。

自我同一性越高，心理越健康

青春期阶段的最基本的心理冲突：自我同一性 VS 同一性混乱。自我同一性即青少年同一性的人格化，是指青少年的需要、情感、能力、目标、价值观等特质整合为统一的人格框架，即具有自我一致的情感与态度，自我贯通的需要和能力，自我恒定的目标和信仰。这个时期是一个人反思自己、努力形成自己、确立自己人生的关键时期。此时的他们在成年人的影响下勾画出理想的自我形象往往是成功、有能力、受人尊重的；而现实生活中他们承受着来自学习、人际交往、适应性等多方面的压力，理想的自我与现实的自我很难统一，出现同一性混乱。这种冲突如果得到积极解决就会自我认同，自我同一性完整，具有良好的自我形象；如果冲突不能得到成功解决就会造成自我同一性混乱，出现人际挫折。在我日常的心理咨询中，许多青少年都是因为“理想中的我”高高在上，挥斥方遒，而“现实中的我”又不愿意为这个目标付出更多的努力，为此深陷迷茫之中。

造成孩子“理想中的我”脱离现实与父母盲目推崇“取法于上，仅得为中，取法于中，故为其下”有着密切的关联，他们缺乏对孩子在同龄人中的相对位置的认知，盲目地拔高孩子，造成孩子的自我同一性混乱。

父母要帮助孩子全面回答“我是谁”这个问题。

案例分享

“志存高远”的他成了同龄人眼中的笑话

杨家豪第一次找我咨询时已经准备第二次休学了。他告诉我，他休学不是厌学，而是太热爱学习了，只是学校讲的内容太浅显，对于他来讲就是浪费生命。他有远大的理想，希望成为国家领导人，他对我的职业生涯和政协委员的身份比较认可，希望我成为他的智囊，辅佐他完善治国理念……

杨家豪是几世单传，从小被老人宠爱，上学后喜欢读历史方面的书，还当了班长，家里人逢人就夸孩子有治理国家的雄韬伟略，大人说多了，孩子内心就认定了“我是国家领袖”。他觉得古今中外，历朝历代就算是盛世明君也存在着政策上的偏差，他希望能够建立一个完美的无懈可击的体制。初中就读于一个县城的学校，他把自己打扮得异常成熟，和同学说话就像统帅向下属发号施令，他认为同龄人如果能按照他的指引会少走很多弯路，他们也可能幸运地被他选中为左膀右臂，跟他一起治理国家。初中因为他成绩好，同学经常抄他作业，他说什么大家也没有明显地反驳。

中考考入市里的重点学校，他发现比他有见识的同学太多了，他再说治理国家的事情完全镇不住同学了，“你最牛，你最棒！”一阵嬉笑就不再理他……，毫无优越感的他无法安心听讲、回到家就打游戏，在游戏中体会指挥千军万马的感觉。每当背英语单词时，他就抑制不住地狂躁，“未来我身边配一个翻译团队，怎么还需要我亲自学外语呢？”高一的期中考试他是班里倒数第一，为了维护“领袖”的感觉，他批驳中国的教育体制，否定老师的教学方法，告诉同学们他未来选拔人才的标准……“不是我学习差，而且这种体制有问题，我不稀罕学而已。”他在班里越来越孤单，他懒得与这些“鼠目寸光”的人为伍，他便不再去学校了。

青春期的自我认知存在自我膨胀和自我缩小两个极端。随着年龄的增长，处于青春期的孩子感受到知识带给自己的力量，年龄小的时候遥不可及的事情，在现在的自己看来易如反掌。这种欣喜真够刺激，有点一览众山小的感觉也在情理之中，认为所有自己想干的事情都能干成。但他们忽略了社会对不同年龄段的人要求是不一样的。青春期相对于前一个阶段学龄期的要求是断崖式的提高，他们承受着学习上无论是广度还是难度的急速放大；人际交往介于儿童和成年人过渡阶段，标准跨度大，错综复杂，难以把握。自我膨胀在人际交往中表现出对成年人怀疑和反叛，顶撞父母，轻视老师，恶化自己的人际环境，甚至造成人际伤害。初中阶段，杨家豪的“豪言壮语”被同学们误认为他心智成熟比较晚，况且他学习成绩好，可以让同学抄作业。高中阶段大家都更加成熟，他的自我同一性混乱让同学感觉怪异，不可理喻了。

在遭遇一系列困难和挫折之后走向另一个极端，对自己的能力产生怀疑，陷入自我缩小的泥潭，认为自己无能、无用，无法与周围环境融合，一蹶不振，选择了逃避。

许多青少年出现心理问题都是自我同一性混乱造成的。理想中的自我太过成功和完美，而现实中却不愿意为此付出相应的努力，给周围人的印象是涣散、懒惰、低自尊、低能力。理想中的我和现实中的我没有任何交集。

丽珊幸福心理的助推理论就是帮助青少年更好地自我认知，将理想的目标降低一点，把现实的付出增加一点，使理想和现实产生交集。然后再将目标分割为几个小目标，降低实现的难度，鼓励他们在现实中更多地付出热忱、时间和精力，让“理想中的我”和“现实中的我”靠近，这样就能消除自我混乱，保持心理健康和情绪稳定。

父母在陪伴孩子成长的过程中，对孩子在同龄人中的相对位置要有明确的把握，避免不切实际的“吹捧”。说者无心，听者有意，孩子会把这种拔高内化为自己就是高人一等，造成自我同一性混乱。用理想自我来代替现实自我的人会出现严重的心理失调。

母亲把我指挥得晕头转向

在苗世昌的眼中，母亲就像一个巫婆，不仅每天拿着魔法棒比比画画，指挥着儿子滴溜溜转，而且还诅咒孩子的各种“不听话”行为必遭报应。他噩梦的主角几乎全是母亲。

苗世昌觉得母亲就是典型的势利小人，做什么事都想走捷径。原本一家三口过得挺不错，自从她周围同事和朋友送孩子去大城市读书，她就像中了邪一样，认为这样就能代表家里有钱、有势、重视孩子的教育，孩子就能考上一流的大学等。“我可不能让人家瞧不起！”是她的口头禅。她的势利眼给父亲平添了许多压力，让父亲的性格变得越来越沉闷。

苗世昌初二终于到了大城市，母亲打听到如果在数学奥赛中获奖，可以得到进入全市最好高中的保送机会。她汇总各方面的信息，给儿子报了一个历年奥赛获奖率最高的课外班。奥数老师就是一个疯子，他提问，如果学生不举手，就会被认为不会而罚站。如果为了逃避站着听课的尴尬，不会装会举手，一旦被老师发现就会被轰出教室……每次上课，苗世昌都心惊肉跳，他害怕上课，但又不敢和母亲实话实说。奥数老师要求每个学生回家做20道同类型的题目，父母签字，以此作为下次上课的“入场券”。为了不获得这个该死的“入场券”，苗世昌每次都不写20道题。母亲为了让他去上课，就违心地签字，签完字当着儿子的面狠狠抽自己的脸，“是你逼我做了骗子。”苗世昌看着她扭曲的脸不寒而栗。

在母亲的威逼之下苗世昌坚持上奥数课，侵占了投入学校课程内容的时间。中考前家长会，教务主任强调中考政策，竞赛成绩在中考中没有任何意义。母亲回家歇斯底里地把竞赛的书都装箱了，让苗世昌马上备战中考。苗世昌慌乱了，母亲把他带上了邪路，他认定自己考不上好高中了。母亲不但不反思自己，还整

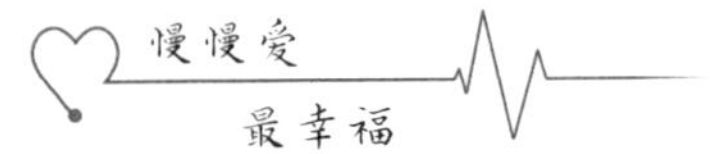

天唉声叹气地说："你就抓点紧吧，多学会儿，不然肯定让别人看笑话了。"苗世昌再也不想见到母亲了。

凡是在孩子成长中心理卷入度过高的父母就有可能落埋怨，选择方向时要慎之又慎，千万不能道听途说，如果没有十足的把握就循规蹈矩，跟着学校的节奏最安全。一旦误导了孩子，既不要回避问题、推卸责任；也不要过于自责，丧失了与孩子沟通、给孩子支持的机会。

世昌母亲先要平复自己的心绪，想一想，你为孩子处处找捷径是为孩子着想，还是满足自己的虚荣心？如果是为了孩子着想，那么在做重大决定前是否和孩子充分沟通过？如果是为了自己的面子，请问是你的面子重要还是孩子的成长重要？把这些问题思考清楚了，才能避免未来重蹈覆辙。爱孩子，但不要伤害孩子！我非常担心世昌母亲目前的心理健康状况。

许多母亲对孩子缺乏客观的评估，什么样的孩子适合学奥数？完成学校所有教学任务之后有余力的孩子。什么是学习能力？简单地说就是单位时间内学到的知识总量和质量。如果学奥数和课内的知识相冲突，顾此失彼的话，就算有再诱人的优惠政策也不能冒险。一些母亲总是希望孩子出类拔萃，结果不仅浪费了孩子的时间，造成课内知识的漏洞，而且还强化了孩子的挫败感。

父母如何帮助孩子回答"我是谁？"父母要先回答"我是谁？"

1. 我给孩子提供了怎样的家庭教育？

2. 我在孩子的成长中付出了多少精力？

3. 我能给孩子的学习提供怎样的助推？

在大样本中了解孩子在同龄人中的相对位置，对孩子的目标的设定不能建立在“如果你放弃一切爱好，专注地努力，争取创造一个奇迹”这样幻化的基础上。一些重度焦虑的学生，有一部分就是让父母逼的，我经常提醒他们的父母，“你所描述的孩子是你现实中的孩子还是你想象中的孩子？”父母千万不要给孩子造成自我同一性混乱。

马斯洛的层次需要理论

美国心理学家马斯洛提出了人的层次需要理论，将人的需求从低到高依次分为生理需求、安全需求、社交需求、尊重需求和自我实现需求。

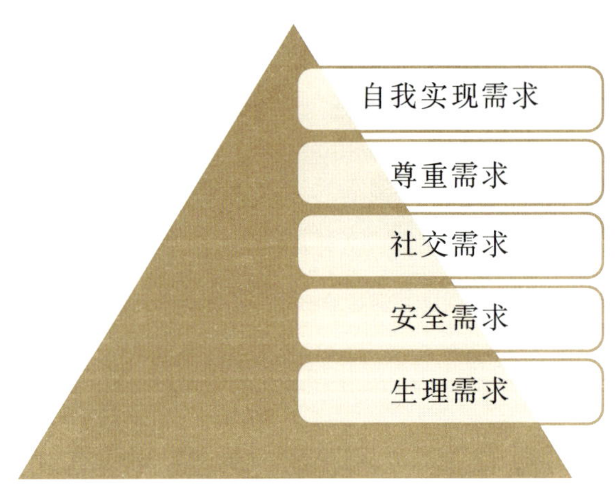

图 1–3–1

一、生理需求

呼吸、水、食物、睡眠、生理平衡、分泌和性生活都属于人的生理需求。如果这些需求（除性以外）任何一项得不到满足，人的生理机能就无法正常运转。换言之，人类的生命就会因此受到威胁。从这个意义上来说，生理需求是推动人们行动最首要的动力。对于婚内的成年人来讲，性也是影响一个人身心健康非常重要的因素。

妻子对我采取性惩罚

林先生和妻子表面上郎才女貌，恩爱有加，但他每天都处于煎熬之中。妻子长得漂亮，性格也还不错，但对性没有兴趣，如果他不要求，她永远都没有想法，即便是他再三要求，十天半个月一次，再多了就说累、烦、打扰睡眠、发脾气、说他自私。如果妻子认为林先生在生活中哪些做得不好，还会剥夺一次做爱机会，就因为他回家没有及时刷碗，已经两个月没有获得做爱的权力了，他认为妻子这是性惩罚，太不人道了。

妻子跟我说生完老二以后，大部分时间都是她照顾孩子，林先生工作压力大，不能有任何差池，晚上必须保证睡眠。老二出生一年多，他们分房睡。每天晚上妻子帮助上一年级的老人弄作业，让林先生带老二，他一会儿就能睡着，如果奶奶帮助带老二，他玩游戏可以玩到深夜也不困。林先生从不主动做家务，支 支动一动，妻子和他说话，他自顾自地玩手机爱答不理的。妻子对他特别不满，但她属于比较倔强的人，既然你不主动做家务，我也不支使，心力交瘁根本没心思做爱。每次林先生要做爱，她想躲、烦躁、痛苦、难熬，完全没有欢愉感。有时又担心他憋坏了，勉强做一次，有时实在忍不住，还会哭，觉得自己成了他的泄欲工具。

站在一个身体健康的男人角度来看，缺乏基本的性生活，尤其是经常因为小错误而被剥夺做爱的机会，的确有点煎熬。

但站在妻子角度，白天照顾老二，晚上陪老大写作业，老公基本不分担，情绪本身就会低落、烦躁，如果老公不能在情感上呵护，在家务中分担，她怎么可能有做爱的性趣呢？做爱之后老公回房间睡觉去了，妻子陪着老二，半夜还要起来几次照顾孩子，你说她能在做爱中体会到欢愉吗？想要解决并不难。双方约定，周五、周六两个晚上林先生陪老二睡觉，让妻子睡两个完整的觉，调养身体；周六、周日白天林先生主动分担家务或陪老大写作业，周日晚上就可以做爱了。林先生连续两天夜里不能睡安稳觉，白天又做家务，他就能理解妻子的感受了。成年人性生活不和谐属于生理需求没有得到满足，会造成情绪不稳定，而负面情绪的爆发对成长中的孩子无疑是一种伤害，他们甚至会认为是自己不可爱造成父母争吵。

在日常的夫妻情感治疗中，我发现两性思维方式完全不一样，设身处地替对方着想几乎不可能，采取情景式体验能帮助双方换位思考。性生活的和谐是婚姻稳定和幸福的基础，妻子要将真实想法告诉老公，不要躲在一边考验男人是否理解、体谅自己。

二、安全需求

安全需求包括对人身安全、生活稳定以及免遭痛苦、威胁或疾病等。如果感到自己受身边的人、事、物的威胁，就会变得紧张、彷徨不安、认为一切事物都是“恶”的。比如学生在学校被同学欺负、受到老师不公平的对待，会逐渐变得不敢表现自己、不敢与人交往，不相信任何人。如果一个成人，工作不顺利，薪水微薄，养不起家人，就会变得自暴自弃，每天利用喝酒、吸烟来寻找短暂的安逸。关于如何避免孩子在学校被同学欺凌的话题，欢迎阅读我在中国妇女出版社出版的《青春期不迷茫——写给男孩女孩的心灵成长书》，该书第八章专题讲述了这个问题。

10岁，我从“富二代”变成了孤儿

赵弘宇在所有老师眼中是个不折不扣的问题学生。他坐在教室的最后面，用各种杂物和书本将自己包裹在狭小的空间里，他上课如果睡觉则是师生的福音，只要醒着他就会扰乱课堂秩序。

赵弘宇的父亲曾是成功人士，创下了巨大家产。在他 10 岁时父亲突然死了，没有人告诉他父亲是怎么死的，母亲很快改嫁走了，再也没有出现过。姑姑成了他的监护人，他从小就瞧不起姑姑一家。姑姑总是找他父亲要钱、要东西；姑父没有工作，游手好闲；他们的儿子因沉迷网络游戏而辍学，是“吸血鬼”“寄生虫”。

爷爷最心疼赵弘宇，临终时将其父亲留下的所有财产和他一起托付给姑姑，千叮咛万嘱咐，要姑姑一定把赵弘宇培养成人，光宗耀祖。姑姑周末给他报了各种补习班，只要他反抗，姑姑就会说赵弘宇身在福中不知福，一个孤儿得到亲戚的疼爱还不懂得感恩。赵弘宇愤怒地回击："不是你们养我，是我父亲的遗产养你们全家……"

赵弘宇每天都心烦意乱，他想知道父亲是怎么死的，他想弄明白母亲为什么一直不与他联系。他成了暴力狂，只要不顺心就摔东西甚至打人。

父亲去世本来就给孩子造成强烈的不确定性，对未来的生活充满担忧和恐惧，如果周围人再反复强调他可悲的命运无疑加大孩子的心理负担。在日常咨询中，我见过一些类似的例子，孩子父亲去世，奶奶一家马上把孙子拉过来站队，孩子的母亲则属于需要防范的对象，提醒孙子要时刻关注母亲会不会把财产转移到姥姥家，会不会改嫁。这种做法无疑给孩子雪上加霜，让孩子看到成年人的丑陋和贪婪，认为成年人都是不可信的，缺乏最基本的安全感。

没有人愿意成为别人眼中的小可怜，更没有人希望总是被周围人反复提醒"你要感恩"，仿佛他所拥有的都是周围人施舍给他的。这种提醒无疑强化了孩子内心的弱势感，一些孩子由此陷入极度自卑之中，拒绝与任何人交流；另一些孩子则会用极端的逆反来证明自己是有力量的，是不好惹的。

面对生活的变故，成年人要尽力给孩子营造一个安稳的心理环境，和孩子一起追忆父亲曾经的优秀和家庭责任感，以及对孩子的爱。我在做哀伤心理辅导时，会建议成年人挑选一些孩子和父亲在一起的温暖照片，让孩子坚信自己拥有过好父亲。发现孩子身上的闪光点，比如"你像父亲一样聪明""你的坚持不懈特别像你父亲”等，给孩子勾画出父亲的“完美”形象。切忌在孩子面前说其母亲的不好，因为孩子的生命一半来自母亲，一半来自父亲，否决父母任何一方都相当于否决了孩子的一半，造成孩子的劣等感，进而引发他对周围人的怨恨。

三、社交需求

社交需求包括对友谊、爱情以及隶属关系等所有人与人之间互动的需求。人是需要群居的，如果感受不到来自身边人的关怀，会认为自己没有价值感。一些父母认为孩子到学校是为了学习知识，根本不需要与同学交往，或者父母的一些不合理的理念，造成孩子成为同学心目中比较怪异的人，从此被边缘化，这样对孩子的社会化进程产生了阻碍。

富养女孩的真正目标是什么

柳莎的女儿郭修萌从小就争强好胜，大家都夸她成绩好、气质好、有品位。初一期末她考了班级第一，可初二期中考试却只考了20名。噩梦由此开始，她开始每天早上不起床，后来就不再去学校了。“该死的魔鬼学校把孩子折磨坏了！”在柳莎眼中是学校作业多造成孩子厌学的。

柳莎担心富养的女孩没有经风雨见世面会变得窝囊，她告诉女儿，无论发生什么事情，千万别委屈自己。

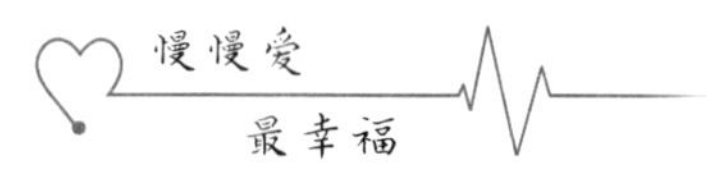

小学五年级的暑假，郭修萌参加英语夏令营。因为看不惯同宿舍几个室友不讲卫生，提醒她们注意点，室友不但不虚心接受反而奚落郭修萌。郭修萌忍无可忍，狠狠地打了其中的一个室友。老师让郭修萌给对方道歉，母亲坚决不同意。“我严肃批评了老师缺乏是非观念，夸奖女儿坚守原则，像迎接勇士凯旋一样，中途把女儿从夏令营接回来了。”

初一军训，住宿条件不太好，几个学生夜里叽叽喳喳，影响大家休息。郭修萌大声训斥她们缺乏公德意识，结果那几个学生恶人先告状，班主任责令郭修萌给同学道歉。“老师素质太低，明明是她们缺乏公德，影响别人睡觉，我女儿仗义执言有什么错呢？一气之下，我把孩子接回家了。”

郭修萌告诉我，她不去学校上学的原因一是学校只看重成绩，忽视学生如何做人，缺乏教养、举止低俗的学生因为成绩好就会被大家追捧，而高雅贵气、自我要求高的却被视为“装”而遭到同学的排斥；二是班主任要求早上 7 点到校，迟到不准进教室，作业不合格罚写五遍；三是同学父母不重视自家孩子的教育，很多同学满嘴脏话。

郭修萌的归因朝外在我的意料之中。她说自己是空气，在班里没有一个朋友。

每个学生都需要得到集体的认同，构建自己的心理支持系统，没有朋友就难以获得起码的安全感和归属感，稍遇困难就会选择退缩。

柳莎的教育观念在 00 后父母的身上具有一定的代表性。他们希望周围人像他们一样无条件地接纳和宠爱孩子，他们生怕孩子在群体中受委屈，尽全力替孩子遮风避雨，为孩子的不当行为寻求合理的解释和开脱，这样不仅使孩子的心智发展落后于同龄人，而且还恶化孩子与别人的互动。同学也避之唯恐不及，谁敢招惹稍有风吹草动母亲就撒泼打滚的同学呢？父母在挑战学校教育的同时造成孩子价值判断的混乱。这类孩子极端以自我为中心，缺乏换位思考的意识，遇到困难习惯性地将责任推向外界，结果逐渐丧失了对生活的主动权和掌控权，变得被动、敏感。在群体中边缘化，无法满足社会交往的需求。

四、尊重需求

尊重需求属于较高层次的需求，如：成就、名声、地位和晋升机会等。尊重需求既包括对成就或自我价值的个人感觉，也包括他人对自己的认可与尊重。无法满足尊重需求的人，会变得很爱面子或爱慕虚荣，用各种夸张的行动来让别人认同自己，比如炫富。一些将孩子视为自己圆梦人的父母最深层的心理基础也是满足其自身渴望获得尊重的需要。90后的一些父母年轻时认为未来独生子女长大了，结婚后两个年轻人面对双方四位老人，根本忙不过来。所以趁着赶上造富时代，全身心投入事业，疏于陪伴孩子成长。到了五六十岁，父母意识到事业和金钱都无法替代亲情，他们渴望得到孩子的关心和陪伴。与此同时，他们的孩子因为成长中缺少父母的陪伴，学业事业不具备持续发展的能力。父母一方面为了获得孩子对其疏于陪伴的谅解，另一方面替孩子事业上的无力感解围，他们将财富转移到孩子名下，为了混个好“人缘儿”，甚至鼓励孩子不要过于关注事业，享受生活最重要。就算财富足以支撑孩子享用一生，就算孩子过着没有丝毫压力、游手好闲的生活，但无法满足尊重需求的人生真的幸福吗？

奋斗不仅为了财富，更为了获得尊重

杨铭在德国上研究生，他陷入了深度的纠结之中。他原来成就动机强，心理压力巨大，经商的父亲告诉他不用努力，想学点什么就学点什么，不用考虑工作的事情，更无须为赚钱而焦虑。父亲汇给他几百万元并为他做了房产公证，有了这样的保障之后，杨铭不但没有放松，反而依然焦虑，为此他专程从德国飞到天津找我做密集型咨询。

杨铭从小就有强烈的成就动机，只要哪方面不如人，就会特别沮丧，厌恶自己，嫉妒别人。为了永远是家长们口中的“别人家的孩子”，他宁愿付出更多。小学 4 年级时父母离婚，他随母亲生活，那段时间他很沮丧，觉得自己不如别人。母亲为了帮助杨铭重振自信心，就灌输一些诸如他不是凡夫俗子，他要拯救全人类的信念，同时告诫他千万别随了父亲的固执、傲慢和吝啬。听多了，他也坚信自己不是凡人……他创造过一些高光时刻，学生会主席，全市朗诵第一名……但遗憾的是高考由于考试焦虑，没考上 985、211，他的大学生活苦不堪言，得过焦虑症、抑郁症，休过学……他要通过申请国外名校来刷新自己的人生。

就在他为出国经费一筹莫展的时候，父亲主动提出全额资助，改写了父亲在他心目中的印象。母亲担心万一哪天父亲再娶就便宜了外人，鼓励儿子多与父亲沟通，告诉儿子只有钱拿在自己手里才安心。父亲为儿子能够接受自己而高兴，他觉得自己年轻时太偏执，决绝离婚，很少与孩子沟通，给孩子造成伤害，愿意用财产弥补对孩子的亏欠。父子俩一拍即合。

杨铭到了德国，发现尽管自己努力学了四年德语，但和人家用德语交流还是很困难；专业上也存在很大的问题，他陷入了焦虑之中。父亲告诉他不用焦虑，那些同龄人就算努力一辈子也不一定拥有他现在的财富。杨铭本以为自己就此不再焦虑了，白天他像个“欧洲人”一样，健健身、聊聊天、晒晒太阳、喝喝啤酒，但晚上回到房间，他好像一下子就痛苦了，他不敢看朋友圈里国内同学的努力、成果、充实；不敢看在外国的朋友为了论文而奔忙烧脑……他觉得自己已经老了，是将死之人了。尽管他反复自我催眠，为了事业而忙碌有什么意义呢？简直是愚蠢的选择。但他还是觉得自己现在的生活好像缺少点什么，依然高兴不起来。

你觉得用多少钱就可以剥夺孩子为自己人生奋斗的豪情？父亲的慷慨给予，在物质上让孩子没有后顾之忧了，但如果就此止步不前，过上退休人的生活，则永远无法得到被别人尊重的价值感和幸福感，尤其对于杨铭这种有过高光体验并具有很强学习能力的人来说，更是如此。面对成就紧张的孩子，父母不能替他遮风避雨，让他生活在不真实的环境之中，而是要助推他收获他所看重的成就感。杨铭及时与我咨询本身就说明他内心的成就动机还没有彻底泯灭，如果真的懒散了，到了 30 多岁，一事无成，与社会割裂，再想重整旗鼓都难了。

中国留学生在国外面临着两种价值取向的冲撞：一种是中国人骨子里的自强不息，恰好又赶上了国家快速发展的好时代，国内的同学只争朝夕，他们跟上社会发展的节奏，不断地丰富自己、完善自己，在终日忙碌的同时收获了自我成长和立足社会的自信心，到了 30 多岁，他们稳稳地立足于社会。这是杨铭不能心安理得地享受父亲给他的财富，自甘停滞的心理基础。另一种是欧洲已经走过了快速发展的历史阶段，进入新千年以来，西方经济已经由高速增长发展进入持续衰退，他们的 90 后一直生活在国家经济横盘整理的阶段，社会无法给年轻人提供快速成长的机会。他们不是主动选择的慢生活，而是只有慢生活。作为留学生千万不要陷入《绿皮书》电影中主人公唐的困扰“白不白，黑不黑，不知道自己是谁”的内心纠葛。

父母在孩子成长过程中，一定要保持理性、科学的态度，不要让自己的情绪状态影响了孩子的人生方向。丽珊幸福心理强调助推理论，当孩子遇到困难了，不是任由他选择退缩、逃避、停滞，而是鼓励他面对问题，进行科学的生涯规划，选择自己最适合的方向，持续发力，达到自我成长的目标，满足尊重的需要。

五、自我实现需求

自我实现需求是最高层次的需求，前面四项需求都满足了，最高层次的需求方能产生，比如自我实现和发挥潜能等，渴望体验到自己能够为这个世界做些什么。有的心理学家将自我实现说得有些高深莫测，好像只有特别卓越的人才有机会获得自我实现的需求。我认为，每一个人都可能体会到自我实现的满足。比如我们专注于某一件很有难度的事情时，常常会废寝忘食，最终获得成功就是达成了自我实现的满足。

我曾到一个行政许可中心的大厅办事情，工作人员工作流程简单，只是提供空白表格，收取填好的表格，表情定格在“微笑”，没有任何的亲和力可言。当她看到表格上我的名字之后，激动地说“您就是电台‘丽珊热线’的张丽珊老师吗？”当得到肯定的回答后，她跟我诉说了苦闷，大本毕业却从事着如此单调枯燥的工作，每天都莫名的失落。父母说她不知足，在目前的就业形势下，这样没有压力还不少赚钱的工作，被多少人羡慕。但她就是开心不起来，如果这样下去，人待懒了、废了，如果哪天下岗，都不知道自己还能胜任什么工作。

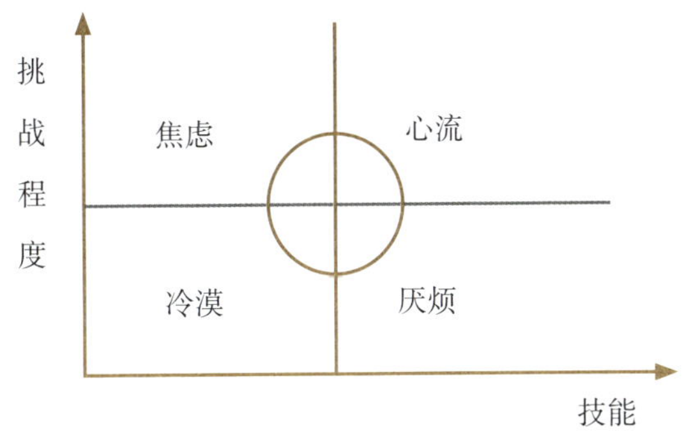

图 1-3-2

人们往往误认为压力来自挑战程度高，如果挑战程度低就没有压力，人也就舒服了。请看上图，以挑战程度为纵轴，技能为横轴，中间的圆为舒适区，特点不明显，越向两极发展特点越明显。

挑战程度低，技能也低，没有激情，日复一日，人表现出冷漠。

挑战程度低，技能高，厌烦，行政许可中心的这位工作人员属于这种情况。

挑战程度高，技能低，压力大，人就会焦虑。

挑战程度高，技能也高，能体会到心流，是一种非常美好的感受。人们专注进行某种行为时所表现的心理状态，同时产生高度的兴奋及充实感。

我们再来看看杨铭，父亲给他大量现金满足了眼下的物质生活，给他房产做包租公满足了未来的物质生活。他不用奋斗了，挑战程度低了，但他不但不幸福，反而厌烦、空心，惊恐。当初他无法适应德国，压力大，心理处于高焦虑状况时并没有寻求心理支持。而获得财富，没有后顾之忧了，心理却更加不安，从德国专程回来找我做心理咨询行为本身就能说明两种状态，哪种更让人难以承受。技能高的人是可以承受高挑战程度的，尽管需要付出很多心力，只要收获成功，就会收获自我实现的快感。

丽珊幸福心理强调，助推理论是父母要助推孩子达到他可能达到的高度，而不是给他营造虚拟的无压力的成长环境，父母“保护”得越好，孩子就与社会越割裂，越无法融入社会，一旦陷入啃老状态，父母再着急修正就来不及了。

微信扫一扫
二维码收听

微信扫一扫
二维码收听

微信扫一扫
二维码收听

半步之外，不要把孩子当闺蜜

丽珊幸福心理强调，父母和孩子保持半步距离，既维护了自己在孩子心目中的权威感，又给自己留有温和管教的余地，还给孩子创造了用自己的眼睛去看世界的机会。

一些“教育专家”提出父母要和孩子成为朋友，鸡汤作家推波助澜母子是天然的利益共同体，将孩子变成自己无话不说的闺蜜。有的母亲接受了这种神奇的观念，不仅和孩子成了“好朋友”，还将自己的人生体验不加筛选地讲给孩子，其中包括对原生家庭、婆家的不满，对老公的抱怨和办公室政治……这些母亲的内在逻辑是，我用今天对你的坦诚来换取明日你对我的全盘托出，以此保证青春期沟通顺畅。结果事与愿违，有的孩子还没到青春期就对母亲充满了鄙夷，用母亲曾经掏心掏肺的话回怼母亲。母亲痛定思痛，希望重拾权威，但孩子坚决不接受，这符合经济学中的禀赋效应。什么是禀赋效应？就是你没有得到一个东西的时候，可能并没有那么想要得到它，但当你真正得到这个东西之后，再让你放弃，又会非常的舍不得，有强烈的被剥夺感。母亲被“闺蜜式”的亲子关系绑架，亲子关系完全失控。孩子也并没有受益，他们迷失在缺乏引领的成长之路上。

别把你对原生家庭的抱怨讲给孩子

每个人都带着原生家庭的烙印，按照自己对原生家庭的解读，诠释自己的人生价值。在体验自我内心感受的基础上应对外在世界，并依照外在世界的反馈固化自己的思维和行为模式，形成内外循环，由此书写自己的人生篇章。什么是原生家庭呢？原生家庭是与新生家庭相对应的，原生家庭是指由父母照料的、孩子出生并成长的家，孩子长大结婚后组建的是新生家庭，这个新生家庭又是他们孩子的原生家庭。原生家庭的价值观、行为方式、家人间情绪互动、依恋模型和夫妻沟通模式等都会对子女构成深刻的影响。

每个人和原生家庭都有着各种关联，记录着一些负面的情绪。在孩子面前不经意地抱怨，“你姥姥特别偏心，总是背着我把好东西给你姨”“你姥爷脾气特别暴躁，我从小就经常被他打骂”……就算在原生家庭的日子过得再虐心，但作为讲究孝道的成年人还是有家庭责任和担当的，勉为其难地为原生家庭尽着各种义务。但当孩子听多了父母的抱怨，他们反感祖辈了，戴着有色眼镜审视老人的一言一行，对祖辈不孝敬、不尊重、没有责任意识，甚至会对老人恶语相加。此时中年人觉得自己教育失职，指责孩子不懂礼数、没有教养，孩子觉得父母特别虚伪，如果不是你在我面前诋毁他们，我从何了解他们的劣迹斑斑？现在你又站在道德的制高点上责怪我？其实每一个人都无法保障原生家庭的亲人都是完美的、无懈可击的，但也没有必要经由我们把负面信息灌输给孩子，让孩子先入为主。我们给孩子用自己的眼去观察，用自己的心去感受的机会。有血缘关系的成年人人品上有问题，容易让孩子联想到遗传或者传承，由此给自己贴上负面的标签。

我是一个贪得无厌的人

刘浩天是高三男生，一旦专注学习就头疼欲裂，无法到校上学。他的母亲尚思妤是喜马拉雅“张丽珊幸福心理”音频专栏的听众，对心理学有一定的了解，先带孩子去医院检查了身体，排除了器质性病变，就带孩子来找我心理咨询了。

尚思妤是一位理性而优雅的女性，她不急不躁地介绍孩子的成长经历，也分析孩子现在这种状况可能是压力太大出现的躯体化。孩子父亲是做养殖业的，经常不在家，尚思妤担心自己一个人带的男孩格局小、狭隘，所以她对心理咨询有短期目标和长期目标，希望我能带领孩子开阔视野，让他成为一个“大”男人。

刘浩天告诉我，父亲就是一个励志故事，他特别崇拜父亲。奶奶家在农村，特别穷，父亲是县状元考入大学，在国企做到处长下海创业，现在他是一位企业家。遗憾的是从小他就很少和父亲相处，只能和母亲生活。我说你母亲不像其他母亲那么焦虑，她希望帮助你开阔视野，放大格局，成长为一个大男人。刘浩天沉吟了一下，说："我觉得她人品有问题。"刘浩天说姥姥是一个贪婪的人，母亲肯定随她，也是一个贪婪的人。

刘浩天姥姥家有三个孩子，尚思妤是老大，下面还有弟弟和妹妹。姥姥总是找尚思妤要钱要物，然后再转给其他两个孩子。刘浩天觉得这样对他父亲特别不公平，他辛苦赚钱基本没有什么消费，奶奶特别勤俭，从来不找父亲要钱。父亲把钱都交给母亲，结果便宜了姥姥一家。更令人气愤的是姥姥总是当面指责父亲"你这点钱赚得把我女儿全搭上了，你整天待在养殖场，家里大事小事都是我闺女干，别人家女婿当官的、做生意的都风风光光，你转来转去还就是个农民。"刘浩天特别痛恨姥姥，花着他父亲赚的钱，还讥讽他。

我可以理解姥姥的口无遮拦令刘浩天不舒服。但为什么刘浩天认为母亲的人品也不好呢？刘浩天说母亲每次给姥姥送钱送物回家都会跟他抱怨姥姥欲壑难填，并且嘱咐儿子千万不要将给姥姥东西的事情说给父亲。刘浩天不明白，既然你知道娘家人贪婪，那为什么还要给他们呢？

刘浩天认为自己传承了姥姥的贪得无厌。每当同学问他问题时，他就觉得人家像姥姥一样是吸血鬼，耽误自己时间，直接回复人家他也不会。但他从内心又渴望得到同学的帮助，他不断地问同学问题，同学讲给他，他觉得人家懂得比自己多太多了，他担心人家知道的还有很多都是自己所不知道的，他希望把同学所知道的都榨干问净才好。他认为自己贪婪，自己的东西不愿意给别人，而又无限制地从别人那里获得一切。现在只要学习就头疼，一方面有贪婪的念头，一方面又因为有这种念头而自我批判。我告诉他这是以自我为中心，一切从自己利益出发，并且对自己的学业能力缺乏充分的自信，这和姥姥家在物质方面的索取没有必然的联系，更谈不上遗传或传承。

当我把孩子的困扰讲给尚思妤时，她万万没有想到自己对原生家庭的抱怨给孩子带来这么大的困扰。她坦诚地说，因为排行老大，从小母亲给她的关心和爱就少，要求她付出很多，她内心对母亲有怨恨，她曾经当着儿子的面说过“我这辈子也摆脱不了你姥姥对我的压榨”。其实和她周围朋友的母亲相比，也不算是最难相处、最贪婪的。只是因为私自动用老公赚的钱而内心有些不安，所以跟儿子抱怨几句是姥姥非得要，不给不行，以求得自己心安一些。为此不但不加掩饰而且还会放大。儿子当时表现得很贴心，并且从没有向父亲泄露过这些事情。

亲子互动，母亲始终在明处，随时不假思索地把自己的所思所想说给孩子；孩子一直在暗处，他们只能被动地听而不会质询更不敢发表自己的言论，但他们会将所有这些碎片拼接，形成对人或事的印象，同样不会说给母亲，这种印象与真相之间有多大的相关性则无从考证。这些印象逐渐形成他看待世界，看待人生的信念。半步距离，亲子都要保持相对的独立，彼此不要过度卷入对方的人生之中。

在微信里向我求助的许多母亲说孩子不懂得感恩，母亲为他们付出了一切，孩子会忽略母亲对他的一百个好，仅仅因为一个不顺心、不如意就和母亲大呼小叫，别说孝顺了，就连最起码的尊重都没有。每当这个时候我都会问一个问题：“你对自己的母亲感恩吗？尊重吗？”她们说自己内心是如何的孝顺父母，愿意为他们付出很多，只是因为在成长中有过太多的矛盾和冲突，所以表面上会经常和母亲争吵……我明确告诉这些中年人，你在教给孩子如何与自己的母亲相处，你如何对待自己的母亲，孩子就会如何对待你。千万别教坏了孩子。

姥姥要和我断绝祖孙关系

李一琳是高一女生，她和我交流时双手不断揉搓："怎么办呢？姥姥再也不管我了。"一琳从出生就是姥姥带，她的父母都忙于工作，直到小学三年级之前，她对父母基本没有什么印象。她心里十分清楚，在这个世界上只有姥姥最爱她。自从小学五年级以来，一琳对姥姥的教育方式有许多不满，她反抗过，姥姥明确告诉她，姥姥在法律上没有抚养外孙女的义务，只要一琳不听话，姥姥就不再管她……如果姥姥不管，她就惨了，为此一琳尽力忍受着姥姥的强势和唠叨。姥姥就是负能量包，有太多的怨言，把独生女养大之后，又帮她带孩子，女儿不但不感恩，和她说话总是急赤白脸没好气。每当一琳不按她的意愿做事，姥姥的怨气就更大了，摔摔打打，一琳心惊肉跳，觉得自己就是姥姥的撒气桶。到了初中，她不可抑制地和姥姥争吵，就像被恶魔附体一样冲着姥姥叫嚣："连你的女儿都受不了你，我受够了，你不管我，我还有妈妈，你呢？"事后看着姥姥伤心难过，一琳又陷入自责，但就算自责，她也绝不道歉。姥姥回自己家了，说要断绝祖孙关系，一琳不知道该如何挽回姥姥。

我建议一琳请妈妈从中斡旋，一琳说妈妈和姥姥见面就吵，妈妈明确告诉一琳，她就是在姥姥的强势下长大的，造成性格上有很多的缺陷，她无法帮助孩子去沟通。一琳说妈妈的脸就是一个大写的“丧”，像所有人欠她的一样，还不如姥姥好相处呢。这是怎样的家庭气氛啊，每个人都带着自己的幽怨，都觉得自己是家里最委屈的人。

姥姥已经不接听一琳的电话了，我建议她给姥姥写一封信，完整表达自己的情感，知道姥姥是这个世界最爱自己的人，姥姥陪她长大，她要陪姥姥变老。只是现在自己长大了，需要独立做事情，为上大学住校做准备，恳请姥姥逐渐放手，给她一个自我成长的机会。一琳为难地说，她们家人说话不是这种语风，我建议她要成为家庭系统中重构沟通模式的人。

一琳母亲是整个系统的关键，需要接受系统的心理辅导，消除母亲在其成长中内心留下的阴影，以更加积极，更加明快的心态与年迈的母亲沟通，给孩子树立一个良好的女儿和母亲互动的样板。

一琳姥姥的确很悲剧，为女儿和外孙女付出了自己全部的精力，但这不是她掌控外孙女的资本。要将自己对孩子的爱以孩子希望的方式传递，同时也将自己希望孩子如何爱自己的诉求准确地表达给孩子，当孩子以姥姥喜欢的方式回报姥姥时要及时给予肯定，建立良好的祖孙沟通模式。父母和孩子保持半步距离，姥姥就要跟外孙女保持一步距离了，这个距离让大家从心理上都宽松、舒适，反而能让双方更多地看到彼此的好，感受到彼此的付出。

别把婚姻中的不顺遂讲给孩子

在我日常的咨询中，一些女性朋友面对婚姻困扰往往向孩子求助，“你说说你爸，让他有点家庭责任感。”“你告诉你爸只有他一切听我的，你才会跟他说话。”一些单亲母亲遭遇孩子的青春期逆反向我求助时说：“当初孩子鼓励我和他爸爸离婚，保证一切都听我的。现在我已经管不了他了。”孩子能指导父母如何经营婚姻吗？半步距离，不要让孩子过早看到不和谐的两性互动，他们先是否决了父母的为人，拒绝父母的管教，进而不再相信爱情。我接触过一些具有“同性恋”倾向的年轻人，仅仅因为目睹父母之间的背叛、冷酷、互伤，觉得两性之间的爱情不可信任，令人身心疲惫，或许同性恋更安全、可靠、幸福。

少年老成的姑娘看透成年人的“套路”

邱婕才小学四年级，母亲王芳已经不是她的对手，常常被她怼得失声痛哭。王芳老公在外地工作，每月回家一次，她曾享受过与女儿相依为命相亲相爱的日子，但现在女儿特别狂妄，说一不二，只要不满足她的要求，就会用最恶毒的语言辱骂母亲；邱婕在学校和老师、同学的关系都不好，经常说一些匪夷所思的话重伤师生，班主任请王芳到学校，说：“看您还挺正能量的，这孩子是从哪里学的？内心特别阴暗，说话特别刁蛮。”王芳被邱婕弄蒙了。为了解开谜团，她带着孩子来到天津。

单从相貌上看，邱婕显得比实际年龄成熟很多，她说：“丽珊老师，我看透你们成年人，事事都是套路。”

我哑然失笑：“你一个小小的女孩儿，怎么说出如此沧桑的话？成年人怎么就都是套路呢？”

邱婕说她爸爸常年在外地工作，妈妈和她一起生活，妈妈没有朋友，就把她当闺蜜了。在她两三岁时，妈妈就跟她说当年嫁给爸爸是万般无奈，她瞧不起爸爸，爸爸和她不是一条心，他们仅仅是各取所需的合作关系，现在首要任务就是想方设法从他那里挖来更多的钱，给母女俩未来的生活做好准备……邱婕说别的小朋友是听着妈妈讲的童话故事长大，而她则是在妈妈的抱怨中长大的。这让她看到了成年人的丑陋、贪婪、彼此的不真诚和不信任。上了幼儿园、小学，她无法把别人理解为善意，无法和同学真诚交往，总觉得别人都是话中有话，想套路她。她深谙其道，马上说出一些伤人的话，人际关系始终不好，没有人喜欢和她做朋友。邱婕也希望自己像同龄人一样单纯些，但那岂不是装傻吗？她认为自己的心已经老了，而所有这些都是妈妈一手造成的。

王芳听了我的介绍之后，很久没有说出话来。她调整好自己的情绪，说："丽珊老师，如果我不到您这里来，永远无法理解她的言行，我们共同经历了相依为命的时光，我不像其他家长那样高高在上，在她面前我毫无隐瞒。表面上是完整的家庭，事实上她父亲只是名义上的存在，除了给我们一些钱之外，我根本抓不住他，老天赐给我一个女儿做知心人，帮我排解内心的孤苦，这些话不能说给娘家人，免得他们操心；不能说给外人，免得人家笑话。我和女儿是天然的利益共同体。我觉得当她知道我的不容易，她会体谅我，安慰我，听我的话。"

女性有强烈的倾诉欲望，她们觉得自己承受那么多的艰辛，承担那么多的家务，再不让说出来就会憋死，跟年幼的孩子倾诉是最安全的，反正孩子也不一定能听懂。但她们忽略了孩子可能听不懂具体的是是非非，但却能接收到人与人之间的不友善和负能量。陪伴孩子成长不要让他们过早地接触现实生活中成年人的纠葛。

在后续的咨询中，我告诉邱婕，母亲在她的面前表现出的明察秋毫，很睿智地分析她与老公之间的关系，其实很多的事情都是她的主观猜测，并不一定是事实。我拿了一个长方体盒子，分别让她从仰视、平视和俯视三个角度来看，她看到的图案都是不一样的。每个人眼中的世界都是不同的，做自己人生的主人，用自己的眼睛去看，用自己的心去体会。不要轻易地给任何人贴上标签，包括自己。

妈妈用悍卫婚姻的计谋阻挠我的爱情

宋勤在给我介绍孩子情况时，我明显感觉到她的身体和声音都在颤抖。她的女儿丁琪琪一直是她的骄傲，从小就是班长，学习成绩名列前茅。初二刚开学，班主任让她和“富二代”柳英豪坐同桌，希望她能“改造”这个学习不好、纪律不好的同学。每天晚上回家，琪琪都和妈妈吐槽，这个男生太讨厌了，上课不是玩手机就是睡觉，测验什么都不会，还强行抄她的卷子……后来一件事改变了琪琪对他的印象：体育课上琪琪扭伤了脚，柳英豪不顾门卫的阻拦，违反校规，跑到药店给她买回来好几种喷雾和药膏。琪琪深受感动，把有爱心的柳英豪当成男神！妈妈当时也挺感动的，还跟着附和了几句。琪琪就此不可救药地陷入了“爱情”。曾经热爱学习的女儿晚上根本不写作业，没完没了地和柳英豪煲电话粥……为此娘俩打得鸡飞狗跳。

宋勤觉得硬拦肯定是不行，就悄悄地调查一下柳英豪的情况。这个男孩的父母是做生意的，两个人只是维持形式上的婚姻，并无真感情，宋勤认为这种家庭培养出来的男孩对感情不会专一。她担心琪琪今后会受到巨大的打击。宋勤将这些情况讲给女儿，不但没有达到阻止的效果，琪琪反而说柳英豪太可怜，她要爱他更多一点……宋勤又告诉琪琪这个男生缺乏家庭温暖，他的行为是为了诱惑女生，填补自己空虚的心灵……琪琪不但听不进去，反而变本加厉，说如果不让她煲电话粥，她就不去上学了，每个周末找各种理由出去，之前要洗澡，喷香水，大冬天的羽绒服里面仅仅穿一件已经小了的衬衣，扣子紧得都要崩开，如此“性感”想干什么？琪琪的成绩由前 5 名下滑到第 35 名了。

琪琪很有礼貌地和我打招呼：“丽珊老师好！给您添麻烦了！”她告诉我柳英豪和她妈妈说的不一样，尽管他在家里无法获得充分的爱，但他并不是心灵空虚用小女生来填补的。与他相比是琪琪更需要用爱情来弥补家庭带来的创伤。

琪琪从小就很懂事，体谅强势妈妈的各种辛苦，她一面在事业上打拼，为家里赚更多的钱；另一面还要承担所有的家务，她只求爸爸别到外面拈花惹草。但事与愿违，在琪琪六年级时爸爸还是出轨了，于是，琪琪和妈妈一起讨论用什么计谋将爸爸从“小二”手里夺回来。在母亲的眼中男人都不是好人，依靠女人的男人尚且不老实，有钱的男人岂不更坏？爸爸回归家庭之后，妈妈总是冷嘲热讽，爸爸低头耷脑，几乎不说话，疯狂地抽烟。琪琪后悔当初帮了妈妈。

最令琪琪愤怒的是妈妈找到初一时追求她的男“学霸”，让他用“爱心”将琪琪从泥潭中拯救出来……妈妈和男学霸每天通过微信了解琪琪的感情进展，并讨论如何“挽救”她。男学霸每天都找琪琪苦口婆心地说服她，最近柳英豪已经对琪琪冷淡很多了。当琪琪得知妈妈在背后做了这些，彻底愤怒了。她觉得妈妈根本不了解自己，不了解柳英豪，更不了解他们之间的感情。

妈妈一计不成，又生一计，请班主任斩断他们之间的“爱情”。班主任请来柳英豪的父母之后，柳英豪对琪琪的态度更是冷上加冷，琪琪内心充满惶恐，她本来对自己能否获得柳英豪的持久爱情就没有信心，现在妈妈的所作所为不是给他离开自己提供借口吗？琪琪觉得恋爱本身已经毁了她在班主任心目中的形象，再加上成绩直线下降，她担心同学们会嘲笑自己。

琪琪现在每天都做噩梦，梦见柳英豪离开自己了。她曾经不止一次地想，如果妈妈再干涉他们的爱情，她就和他离家出走。

在琪琪的眼中，自以为是的妈妈把从“小三”手中夺老公的伎俩全部用在了她身上，她给女儿增添了那么多的麻烦，难道妈妈不知道这样做会使女儿为了维护“爱情”而付出更多的感情和精力吗？

在给琪琪的辅导中，我告诉她中学时代的爱情应该是纯真而美好的，是那种怦然心动、脸红心跳的感觉，绝不是追求“嫁”入豪门，更不会遇到阻力就离家出走。这些想法和做法使我对她的爱情价值观产生了怀疑，她是爱柳英豪这个人，还是爱他的出手大方，抑或是成为“富二代”的女朋友很有面子？如果是后两者，我真的替她悲哀。青春期的感情与物质有什么关系呀？难道孩子崴了脚父母不给买药，不带着治病吗？我觉得他们之间的感情开始于一个误会，柳英豪作为琪琪的同桌，他抄作业和试卷，总是希望给她一些回报，她崴了脚，给他提供了一个回报的机会，买些药是人之常情，但琪琪误认为是爱情。而柳英豪父母忙于事业无暇照顾他，他可能也处于缺爱的状态，两个人各自有着内在的需求，假戏真做谈起恋爱。

我告诉琪琪，我理解她此刻的纠结。如果分手了，不仅失去了自己在老师和同学心目中树立的正面形象，而且还留下“嫁入豪门未果”的笑柄；如果不分手，就彻底成为班主任的“挑战者”，本来班主任希望“一帮一，一对红”，却不想成就了一段“爱情”，在班主任的眼中琪琪已经不适合再担任班长的职务了。同时她的逆反激发了母亲的斗志，无法预料她会继续采取什么极端的手段阻止他们。

琪琪既然内心清楚是否能够长期留住柳英豪是一个未知数，但丧失现在所拥有的一切则是铁定的事实了。因此，结束这段感情是止损的最好方案。

关于母亲面对女儿感情的“反应过度”，我告诉琪琪因为她的一些做法本身就说明自己的确沉醉于感情之中，一位以学业为重的班长全然不顾自己的形象、忽略学习、整晚煲电话粥，难道母亲能视而不见吗？母亲本来就应该管，但她的方式有待商榷。我告诉琪琪，我来帮助母亲改善观念，调整方法，以便母亲帮助女儿平稳度过这个特殊阶段。

宋勤承认自己还没有从老公“出轨”事件的负面情绪中彻底走出来，当发现女儿神不守舍、谎话连篇时，当初老公和“小三”勾搭时对妻子各种闪烁其词、支支吾吾、被追问急了就气急败坏的样子又情景再现。一家三口人，自己全心全意地家里家外地忙，换回来的是两个人先后背叛自己，她完全慌乱了。我建议她要彻底消除老公外遇给她留下的内在痛点，不然痛点一旦被触碰就会爆发。

对于琪琪的问题，她的过度解读使问题复杂化了。她以考察女婿的视角审视柳英豪的家庭，了解到他父母貌合神离，担心未来柳英豪也会像他的父母一样对感情不负责任，担心女儿也像自己一样沦为对老公保持高度警惕的“怨妇”。其实青春期的“恋情”往往是以“天”作为计时单位的，如果没有外在力量的介入，这个年龄段的“感情”保质期很短，自生自灭了。母亲的态度和做法将两个未成年人捆绑到一起。其次，请班主任介入拆散两个恋人无疑加大了孩子们的心理压力，倒逼他们形成攻守联盟，对抗所有来自成年人的阻力。此外，母亲最不应该以利用暗恋女儿的男生来监视她、挽救她。这一切只会更加激怒女儿，激发柳英豪捍卫“感情”的决心。

夫妻间感情出现问题很正常，两个成年人应共同面对，而不是将压力转嫁给未成年的孩子，争取孩子的立场，让孩子做出善恶对错的评判。这种做法不但不会解决夫妻问题，还会给孩子营造了一种大厦将倾的感觉，令孩子缺乏家庭的安全感和归属感，同时也破坏了成年人在孩子心目中的形象。一旦孩子从内心否决了父母，那么父母给他的正确的指导也就听不进去了。

别把你获得的负面信息讲给孩子听

我们先回顾一个耳熟能详的小故事。苏轼是位大才子，佛印是位高僧，两人经常一起参禅、打坐。佛印老实，总被苏轼欺负。苏轼有时候占了便宜很高兴，回家就喜欢跟他妹妹苏小妹说。一天，两人又在一起打坐。苏轼问：“你看看我像什么啊？”佛印说：“我看你像尊佛。”苏轼听后大笑，对佛印说：“你知道我看你坐在那儿像什么？像一摊牛粪。”这一次，佛印又吃了哑巴亏。苏轼回家炫耀此事。苏小妹对哥哥说：“参禅的人最讲究的是什么？是见心见性，你心中有眼中就有。佛印说看你像尊佛，说明他心中有佛；你说佛印像牛粪，想想你心里有什么吧！”这个故事告诉我们君子坦荡荡，小人长戚戚，世上本无鬼，如果内心常驻一个鬼，那么鬼就和你如影随形了。在日常的心理咨询中，我遇到一些成年人遭遇了许多生活的艰难，但他们依然保持一颗赤子之心，积极向上，我发自内心地尊重他们、佩服他们；但也有一些成年人，在他们的眼中这个世界就没有好人，他们以阴暗的方式应对周围的人，并且把这些观点讲给孩子，污染了孩子纯真的心灵。

心理咨询师的职业要求中有一项是无条件接纳来访者，建立双方互信的关系，帮助来访者改变不合理的理念，树立主流价值观，以积极、平和的心态回归现实生活。但有极少情况，咨询师会拒绝为来访者提供持续咨询。哪些情况咨询师会放弃提供咨询呢？作为父母，如果连咨询师都不愿意持续帮助你的孩子了，你真的应该认真反思自己的人生了。

内心消极负面的孩子被所有人孤立

于浩是六年级男生，学习成绩在班里排前五名，但从小学一年级就因为不遵守纪律，不尊敬老师，不符合小学生行为规范而被所有教过他的老师厌恶，班主任曾被他气得口无遮拦地说："长大后你就得蹲监狱"。一个 12 岁的孩子到底做了什么会被老师如此评价？班里学生家长建的交流群永远将于浩父母屏蔽在外，他是如何做到人神公愤的？

我有意识地进行了一个小小的行为测试，嘱咐工作人员在他们等候咨询的时候，只要不是特别极端的行为，不要干涉他，同时观察他父母的态度。心航路教育心理咨询机构的大厅里有许多的图书、文玩、大鱼缸、玩具等，有的孩子来了静静地坐着等待，有的孩子会挑选适合自己的图书阅读，也有的孩子拿个玩具安静地玩。于浩把玩具放到鱼缸里，伸手把鱼缸里的鱼抓出来，两条鱼被他弄死……他穿着拖鞋在沙发上踹来踹去……透过这些破坏性行为就可以想见他在学校的表现。更为重要的是，他的父母就在他的身边，孩子没有任何收敛，而父母也熟视无睹。如此给别人添麻烦，他内心是不是很有快感？

他们一家三口被老师和家长厌恶已经五年多了，为什么这个时候父母带他来咨询呢？最近一段时间于浩经常和父母讨论“人为什么活着？”“既然都是死，为什么还要为难自己？”“怎么样死没有痛苦？”“死之前一定要杀几个人，如果我杀你们，你们抢过凶器的话，会反过来杀我吗？”到底是什么造成他如此深刻的悲观和残忍呢？

在交流中我发现，于浩不相信人与人之间有善意，“人怎么可能对别人好呢？肯定是有利可图的！”“你对我好肯定就是想骗取我的信任，然后套我的话。”他跷着二郎腿，斜着眼挑衅地看着我。一位 12 岁的孩子内心有如此的想法，让我背后发凉，他觉得所有的人都和他有一样的想法，他算计着每一个人，笃定周围的人也都在算计他。这种情况下，周围的人是否算计他已经不重要了，他给自己营造了一个恶意环境，又用恶意还击他假想出来的世界，竭尽全力地搞破坏，给别人添麻烦，这样做的结果当然会被周围人排斥，由此陷入负性的循环论证之中。

孩子生下来都是白纸，怎么就变成这样了？他父母非常害怕哪天孩子以出乎他们意料的方法杀了他们，他们坚信这个孩子是有这份狠劲的。当我得知他们是干传销的，谜底揭开了。夫妻在家讨论如何骗人，让孩子坚信所有的人都像他父母一样。我告诉他们，父母从事这样的职业欠了太多的孽债，孩子用自我毁灭替他们买单。孩子如果不能及时获得改善，会有两个发展方向，一是发展成反社会人格障碍，他习惯性地挑战一切规则，无论在哪个环境他都会陷入被排斥、被孤立的处境之中；二是发展成恐人症，他天天想着如何害人，同时惶惶不可终日，防范被别人伤害，最终精神崩溃，精神分裂。我告诉他们不用再来咨询了，除非他们夫妻放弃这种害人的职业，不然孩子永远不可能走出阴霾，无法像其他孩子一样享受阳光和快乐。

许多人说做父母不需要上岗证，但为了孩子的福祉，父母一定要不断地提高自己的道德感。凡是从事以欺骗人为手段的职业的人，自己的内心会扭曲，同时也会污染了孩子，他们付出最大的代价是一家人的身心健康，幸福安宁。

丽珊幸福心理倡导父母与孩子保持半步距离，是非常有利于观察的距离，太过紧密的“嵌入式”，父母无法看到孩子的全貌；太疏远了则无法观察和感知孩子的言行，错过帮助他们最好的时机。及时发现孩子成长中遇到的困难，觉得超出了自己管控的范围，就可以寻找具有教育背景的心理咨询师面对面交流，这类预防性的咨询有时只需要一、两次就能彻底改善，让孩子的心理环境始终处于平稳、积极、健康的状态之中。

微信扫一扫
二维码收听

微信扫一扫
二维码收听

微信扫一扫
二维码收听

温和管教，
让孩子成为受欢迎的人

丽珊幸福心理倡导温和管教，将孩子培养成受欢迎的人。好孩子是管出来的，熊孩子是惯出来的。父母在尊重人的认知发展规律的基础上结合孩子的个性化特点，以孩子能够接受的方式将孩子培养成身体健康、心理健康、社会健康和道德健康的人。

心理健康、善于情绪管理的父母能够给孩子营造内心的安全感，敢于说出自己的内在诉求；在沟通中能够准确表达自己的情感并收到相应回馈的父母才能达到预期效果。缺乏情绪管理意识和能力的父母无法胜任温和管教，他们与孩子之间的互动是：掌控—反掌控—矛盾爆发—父母妥协—休战或短暂的虚假和谐—再掌控……往复交替，家庭系统全面失控。父母失去了在孩子心目中的权威感，言行完全乱了章法。有的孩子由此“症状获益”[1]，误认为所有的规则都可以挑战，他们中的一部分发展成挑战老师，挑战社会规则，出现行为问题。

温和管教的目标是培养有教养的孩子，教养具有达成目标的实际功能，所谓的成功和幸福感都是可以用所拥有的合作者的数量和交往的深度来进行评判的。

① 症状获益：一个人通过表现出某种症状，从而在一定程度上获得自己想要的权益。在生活中比较普遍。比如孩子犯了错误被家长批评，只有他开始大哭大闹，家长就立刻停止批评转而去安慰他，甚至会满足他的一些并不合理的诉求。犯错误不接受批评还大哭大闹原本是“症状”，但却让孩子收获权益。孩子逐渐形成固化的行为模式，做事情不会考虑后果，恣意妄为，不接受被指责被批评。家长正确的做事方式对孩子良好行为模式的养成起到至关重要的作用。

温和管教：好孩子是管出来的，熊孩子是惯出来的

在日常生活中，你喜欢什么样的孩子？是喜欢懂礼貌、守规则、尊重长辈、善于用合理的方式表达自己诉求的孩子，还是喜欢不懂礼貌、无视规则、乱发脾气的孩子呢？我想绝大多数人喜欢第一类孩子。那么，你的孩子是第一类吗？

英国纪录片《富哥哥穷弟弟》证明了好孩子是管出来的，熊孩子是惯出来的。父亲是警察，母亲是银行职员。兄弟俩只差1岁，成人后哥哥21岁创业，成就事业，步入政坛。而弟弟居无定所，只是在工地上做苦力。同一对父母不同的教养方式拉大了两个孩子之间的差距。

哥哥从8岁就通过帮人遛狗、收拾草坪、打零工补贴家用，坚定了靠自己的努力获得财富和幸福生活的信念，养成了受欢迎的品质。弟弟被父母宠爱，破坏公共设施、卖“黄色”小书，在母亲眼中这仅仅是小孩子的恶作剧而已，没有及时管教，长大后自由散漫，以吸毒为傲，自暴自弃，整天抱怨社会、指责政府……父母对待孩子的细微差别，在岁月复利[1]的作用下，产生了截然相反的结果。

---

① 复利：计算利息的一种方法，把本金产生的利息再次转化为本金，这样一直进行逐期的滚利计算，俗话说就是"利滚利"。本书将该经济学术语应用到子女教育中，一位有教养的孩子无论走到哪里都会被接纳、被认同和被欣赏，他会更加自信、从容、随和，从一个成功走向另一个成功。相反没有教养的孩子被排斥、被指责和被歧视，他会更加自卑、焦虑和狂躁，使他的损失越来越多。

遵守社会行为规范

中国有句老话“3 岁看大，7 岁看老”，非常有道理。3 岁，对于每个孩子来讲都具有划时代的意义，进幼儿园是开始社会化的第一步，此时孩子的社会自我意识逐渐形成。

你可能记得这样的公益广告：母亲领着孩子横过马路，孩子拉着母亲一定要走人行横道线，因为在幼儿园老师教的歌谣里唱“过马路左右看，要走人行横道线”，只有遵守社会行为规范才会被看成“大人”，成为“大人”是那个年龄的孩子的最高理想。

一、幼儿园阶段是个体接受社会道德规范的关键期

如果接受正确的行为规范、道德意识，将会增强未来进入学校之后的适应力，少走或避免走弯路，减少不被周围人认同的痛苦体验。

父母都希望把孩子培养成受欢迎的人，但为什么在现实生活中还有那么多令父母无奈、无助，令老师嫌弃、同学厌恶的熊孩子呢？说到底是家庭教育出了问题。那么，哪些家庭教育模式容易培养出熊孩子呢？

1. 个别的隔辈教育

在日常咨询中，有些出现行为问题的孩子往往有过单独被老人带大的经历，为什么会出现这种现象呢？为什么对自己子女严加管教的母亲，对孙辈却过度宠溺，毫无原则？

一是补偿性。带自己孩子时，由于各种原因对孩子缺少关爱，或对孩子过度严厉造成亲子情感疏离或子女成长不理想，当他们意识到时已经为时已晚，他们希望用对孙辈的宠溺来补偿自己对子女的亏欠。

二是人生的不同阶段关注点是不一样的。老年人对“身外之物”看淡了，他们深切地感受到唯有亲情更珍贵，对孙辈有强大的包容性。

三是爱的释放。从自己的孩子进入青春期之后，孩子的独立意识使父母失去了被孩子依赖的生活样态，心灵经历了十多年的孤寂。终于见到隔辈人了，重拾被依赖的感觉，获得爱与被爱的机会。

四是自我价值的体现。退休之后缺乏社会价值感，尤其子女与老人沟通少，此时为孙辈做事情成为自我价值的最好体现。如果子女再疏于对孩子的关注，老人不自觉地将自己被冷落和孩子缺乏父母关爱联系在一起，将子女视为祖孙两代人共同的“敌人”，经常站在孩子一边与子女作对，与其说是保护孩子，不如说是捍卫自己。

谁比你强，你就打谁

孙艳的儿子 5 岁，幼儿园中班。孙艳的母亲是位退休高级教师，曾经严格地要求孙艳，使她成长为老师眼中的好学生、领导眼中的好员工。姥姥家住顶尖幼儿园的学片，孙艳和老公都在开发区工作，把孩子留在市里让姥姥照顾，她非常放心，夫妻俩过上了“二人世界”，连幼儿园开家长会都是姥姥参加。孙艳接到幼儿园老师电话时明显听出老师的责备：“王一丁把小朋友推到水池子里了，请你一定亲自来幼儿园解决问题，如果再是姥姥来应付，领导就建议王一丁换个幼儿园，他已经成为危及其他小朋友的安全隐患了。”

孙艳知道儿子比较顽皮，但万万没有想到会如此严重。老师向她介绍一丁的情况，说他毫无规则意识，小朋友排队洗手，他从来不排队，跑到手盆旁，推开小朋友直接洗；如果老师发放的玩具不是他喜欢的，他直接下座位从小朋友面前拿走他想玩的玩具。每次请家长，姥姥来了只是各种开脱，孩子并没有任何改善。这次他把小朋友推进幼儿园的喷泉池中，万幸只是把孩子冻感冒发烧，没有造成严重的外伤，但幼儿园领导高度重视，如果他再不改善，就必须转园。

孙艳完全蒙了，她儿子成了她最讨厌的那种类型的孩子！她多次去被推到池子里的小朋友家道歉！她把王一丁接回自己家，不允许姥姥再见到孩子！她带孩子找我咨询时一再不安地问我，孩子还能教育好吗？我和一丁父亲单独交流时，孙艳带着孩子在大厅里等候，突然她涨红着脸，满脸是泪地跑进来，说王一丁狠狠打她的脸。事情的起因是他看绘本，遇到一个不认识的字问母亲，孙艳告诉他之后，他一边打妈妈的脸一边说："为什么你会而我不会？"

寄养在姥姥家，父母很少接送孩子，姥姥为了避免孩子被欺负，教育孩子先下手为强。作为退休教师，她深谙中国教育对孩子的评价体系"一白遮百丑"的精髓，她教孩子认识了许多字，反复强化孩子的成就动机，只要学习好，就算是打小朋友，老师也不会太计较。幸亏幼儿园高度重视，不然这样的孩子就算成绩再好，给自己和周围人造成伤害，被周围人抛弃也是必然的。虽然这只是一个个例，但父母是孩子的第一监护人，更是孩子成长中最重要的"老师"，父母对孩子的教育是无法被祖父母的教育所替代的。

2. 父母的原生家庭就有问题

原生家庭的问题会造成他们产生扭曲的内在誓言[①]。所谓内在誓言是心理学术语，在第八讲会详细讲述。如果父母过于严厉、过于疏离，孩子的内在誓言就有可能是"以后我有了自己的孩子，

---

① 内在誓言：当人受到伤害，如被误会、陷害、欺负、侮辱、欺骗、指责、唾弃等事情时，内心深处会强烈地发出一种正面或负面的决定或命令，即"内在誓言"，如"我长大以后，一定要……""我这一辈子绝不会原谅你！""我不会再跟他讲话！"……内在誓言一旦形成，反过来又会影响我们解释和定义自己的各种经历，就决定了什么会让我们在意、恐惧和焦虑，由此引发某种行为或为人处事的态度，并影响人的人格建立、做人原则或生存意义。

一定要无原则无底线地爱他，包容他的一切行为……绝不让孩子经历我所经历的痛苦”，这些父母溺爱孩子的行为与其说是爱孩子，不如说是对自己童年不快乐的补偿。

让更多的人欢迎你的孩子是父母对孩子的大爱。每年10~11月份接待一波被幼儿园、学校老师或医院“诊断”为自闭症、多动症和阿兹博格综合征的孩子已经成为规律，他们往往是初始年级，父母在把他们送往专业康复机构之前，希望得到我的复诊。单看孩子的行为，诊断是没有问题的，但当我全面了解家庭结构、教养方式之后，发现这些孩子只是没有规则意识，对规则缺乏起码的敬畏感，仿佛生活在自己的世界之中。

活在“自己世界”中的孩子不一定是自闭症

徐琳刚入社区幼儿园，她行为怪异，从来不说话，自己坐到教室的后边，一个人看绘本。老师为了让她和大家一起玩儿，拿过她手中的绘本，她和老师抢，老师不给，她就会长时间无节制地和老师僵持。就算老师把她强行拉到群体里，她也是一个人发呆，不和人互动，老师想方设法让她跟上大家的节奏，但都不奏效。午睡时，她不睡觉继续发呆。上周一突然找不到孩子了，吓得老师立刻和姥姥联系，得知她自己回家了。幸亏虚惊一场，幼儿园老师觉得可能是自闭症，建议家长早诊断早干预。父母把孩子带到儿童医院，她完全不配合医生，结果被诊断为自闭症。母亲要给孩子选择康复中心，但看着康复中心孩子的状态，她难以自持地哭了。

徐琳给我的直观感觉不像是自闭症。我全面了解了她的原生家庭和成长环境后，明确告诉父母，徐琳不是自闭症。徐琳的父母性格极内向，两个人青梅竹马感情深厚，日常生活中一个眼神对方就能心领神会，无须交流。姥姥和奶奶都是特别本分的人，她们话很少，和孩子交流语言单调，孩子特别听话，给她一些绘本就可以看半天，她在家从不捣乱，无须给她立规矩。这样的成长环境让她语言能力落后于同龄人，思维的宽度和广度狭窄，只做自己感兴趣的事情。

我给徐琳的父母、爷爷奶奶、姥姥姥爷进行了全面辅导：平时如何与孩子交流、如何表达自己的情绪、如何建立规则意识和人际界限，父母周末带孩子和同龄人在一起玩耍……半年后徐琳顺利融入集体之中。父母特别后怕，如果给孩子贴上自闭症的标签，不就耽误孩子了吗？但从另一个层面来说，给孩子树立规则意识的重要性可见一斑。

二、小学是学习习惯养成的关键期

小学的前两年是孩子的学习动机、学习态度和学习能力养成的关键期，这些将直接影响到孩子的自我价值感，以及在学校的心理感受，如果形成了良好的学习习惯，收获相应的学习成果，他们会对学习产生美好的情绪体验，建立自尊心和自信心，学业生涯会比较顺利。相反则可能造成自我价值感低等问题。父母要密切配合学校，按照小学生行为规范严格要求孩子。父母要投入充分的时间和足够的耐心帮助孩子养成良好的学习习惯。一位初三年级成绩全校倒数第一的学生母亲跟我说，只要不谈学习，她和儿子的关系特别和谐。学习是学生时代造成亲子矛盾的主要方面，回避了主要矛盾的和谐是虚假的和谐。真实的和谐是父母管教孩子的同时还能收获亲子沟通的和谐。让孩子知道所有的违规行为都会加大心理成本，陷入内心的纠结，无法收获幸福感。

好动的孩子不一定是多动症

刘喆是个男孩，上小学一年级，从入学开始，他在老师和家长的心目中就是混世魔王，上课管不住自己，小动作不断，举手回答问题只要老师不理，就直接坐在位置上大喊；老师批评他，他就梗着脖子捂着耳朵不听；老师让他到教室外面罚站，他就躺到地上不起来；经常因为一些小事情打同学……老师几乎每天都和母亲告状，建议她带孩子看看是不是有多动症。父母花了好几万做专注力训练，完全不见效果。带孩子找我咨询，看是不是需要吃点精神类药物。

刘喆的认知水平比同龄人高出很多，他喜欢看书，生活态度积极。只是自从6岁时母亲生了弟弟之后，和他说话基本上没有好气，他特别伤心。升入小学后，他发现学习的内容过于简单，希望通过回答问题赢得老师的喜欢，却没有想到老师不喜欢他，他就“破罐破摔”，不遵守纪律了。

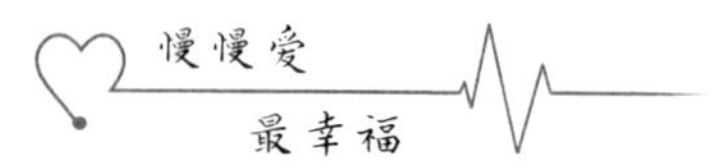

丽珊幸福心理倡导温和管教，要平等地与孩子沟通，鼓励孩子讲出自己最真实的心里话。在老师和家长心目中冥顽不灵的孩子却能完整地将自己的心理轨迹讲给我听。刘喆看了很多的书，希望得到成年人的尊重，尤其希望得到弟弟的崇拜，非常遗憾，因为他在学校总被批评，回家总被父母打骂，现在弟弟也经常说“妈妈，哥哥又不听话啦”。我系统地辅导了父母要如何与老师沟通、如何鼓励刘喆、如何树立哥哥在弟弟心目中的形象等。刘喆的“多动症”彻底好了。

2011 年国家开放双独生二胎的政策，2015 年全面放开二胎政策，2021 年放开三胎。对于准备生育二胎的父母，怀胎时机要有讲究，一定要错过老大小学一年级，也就是说可以在老大三、四岁时生老二或者到老大上三年级时再生老二。一年级对于孩子来讲是人生关键期，在学习习惯、学习动机、行为规范、人际交往等方面都需要父母，尤其是母亲的耐心陪伴。在我辅导的一些学业困难的孩子中，有相当大比例都是一年级时恰好赶上母亲生二胎，对老大基本放养，没有形成好的学习习惯，学业困难损害了公众形象，难以建立起自信心，给成长留下很多隐患。

父母如何温和管教

父母如何温和管教，将孩子培养成受欢迎的人呢？父母要以身作则，你想让孩子成为什么样的人，自己就要先成为什么样的人。其中包括价值观、情绪管理和人际交往等方面。

一、让孩子对社会、对人生充满正能量

一些孩子的父母因为各种原因对自己的人生并不满意，他们对社会、对职场、对周围人都有各种微词，抨击一切。这样环境对孩子价值观的树立非常不利，成年人一边抨击社会，一边继续工作，但对于孩子来讲，他们会认为社会既然这么黑暗、这么不好，为什么还要努力学习进入这个黑暗之中呢？造成孩子的悲观、厌世，对学习、对成长没有任何兴趣。

孩子就像海绵一样，将周围的水大量吸入，他们无法辨别水质的好与坏，所以父母不仅要时刻注意自己在孩子面前的言行，还要注意和孩子密切接触的所有成年人的状态，保证给孩子传递正能量。

案例分享

我眼里的人与人之间就是相互欺骗

白爽是一位小学三年级的女孩，她经常和母亲说人活着没意思，并伴有明显的自杀倾向，母亲觉得孩子出现悲观厌世情绪未免太早了，就带孩子找我咨询。

白爽一、二年级时担任班长且成绩优秀，但进入三年级后成绩开始急剧下滑，上课总是走神，班主任撤了她的班长职务……母亲在和班主任的沟通中被告知："你们孩子内心阴暗，处心积虑，低年级时同学们被她蒙蔽了，现在同学们已经识破了她的心机，她无法再做班长了。"

白爽和我见面时的表情可以用"玩世不恭"来形容，她仿佛看透一切地告诉我，班主任提高学生成绩的目的是为了拿奖金、评先进、升职称。父母给孩子报各种课外班，买漂亮的衣服不是爱孩子，而是为了自己的面子。这个世界人与人之间就是骗来骗去……

白爽还讲了如何骗取班主任的信任，如何欺负同学又恶人先告状……这些话被一个稚嫩的声音说出来，真的让我痛彻心扉。是什么污染了孩子的心灵？白爽是姥姥一手带大的。姥姥结婚三年就离婚了，一个人带着白爽母亲生活，她认为自己的一生被前夫毁了，形成了强烈的被害模式。年轻时她经常告诉白爽母亲：

“如果我生病要死了，一定先弄死你，免得把你留在这个尔虞我诈的世界被所有人欺负。”白爽母亲为了能够顺利长大，不被人欺负，她努力学习，成绩优异，目前是一个大型国企的中层管理者。白爽听到母亲和姥姥说的都是如何玩弄权术、绊倒竞争对手，成就自己……在白爽母亲的心目中，男人就是女人的天敌，与其什么时候被他伤害，不如快刀斩乱麻，尽早离婚。白爽的姥姥和妈妈给孩子营造的成长环境全方位地展现了人性的丑恶。白爽一方面将母亲的手段用到与老师和同学的相处之中，并且短期获益；另一方面又觉得人性可怕，尤其败露之后被同学排斥和孤立，缺乏继续活下去的勇气。

在咨询的过程中，我了解到白爽母亲因为从小内心缺乏安全感，所以无论是学生时代还是进入职场，她都加倍努力、审慎、严谨，生怕出现纰漏，这才是她被周围人认可的最关键的因素，但她回家却很少提及这些，因为从小只要她这么说，母亲就会强调马善被人骑，人善被人欺。为了向母亲证明自己是具有独立生存能力，不会被欺负的，她总是放大自己的“阴险”和“狡诈”。这种谈话模式固化后就不再自知了，万万没想到污染了孩子。

对她们祖孙三人的心理咨询持续了一段时间，修正了姥姥的一些观念，同时给父母做了婚姻治疗，他们相处和谐了。周围成年人改变了，无疑推进了我对孩子咨询的进度。班主任给母亲发来白爽在学校和同学们一起玩耍的照片，说孩子终于有了这个年龄的人应该有的天真和快乐。

二、提高孩子的情绪管理能力

在我的日常咨询中，许多父母充满正能量，他们严格地遵守社会的各种规则，为人厚道，但他们的孩子却是校园欺凌的制造者，父母没有颜面面对老师和被伤害的孩子及家长。父母从孩子很小就高标准严要求，只要孩子达不到他们的目标，他们就会体罚孩子，他们总是冲孩子喊“我不能让你成为小流氓，小恶霸”，但非常遗憾，他们对孩子的消极期待应验了，孩子成了父母最担心成为的那种人。父母一定要提高自己的情绪管理能力，有情绪时不沟通，沟通时没有情绪。

三、提高孩子的人际交往能力

一个没有敬畏心的人就像一辆没有制动系统的汽车；一个没有同情心的人就像一头没有底线的怪兽。从小建立规则意识，懂得敬畏，有一颗悲悯心是幸福人生的标配。在孩子成长的过程中要培养孩子的敬畏心、道德感和悲悯之心。管子说：“善人者，人亦善之。”意思是你对人好，别人就会对你也好。

将同学间的矛盾升格为“恶性事件”会两败俱伤

苏秋晨万万没有想到自己一个“手欠、嘴欠”不仅让她和同桌由朋友成为仇敌，而且还让母亲骁然在“家长群里”被攻击，由此陷入深度的焦虑之中。苏秋晨明显感觉到母亲从未有过的焦虑，同时对她极度厌烦，说她是坑妈第一人。骁然见到我第一句话是“丽珊老师，我遭遇了人生第一次巨大的危机，恳请您一定帮我顺利渡过吧”！她已经很多天睡不着觉，担心自己的校长职务会因为舆论压力而受到威胁。同学之间的矛盾为何波及母亲的职场形象呢？

骁然和老公的原生家庭家境都挺殷实，他们是各自家族中年龄最小的，而苏秋晨比亲戚家的哥哥、姐姐都小很多，她从小集万千宠爱于一身，这样的成长环境造就她脾气大、不会站在他人的角度考虑问题，非常任性。骁然忙于工作并没有太在意这些。她本人也是被宠大的，内心特别有安全感，加上努力学习和工作，事业特别顺利，30 岁就当上一所小学的副校长，现在已经是当地最好小学的校长了。所以她觉得女孩被宠不一定是坏事。

苏秋晨小学就读于母亲做校长的学校，老师对她格外关照，母亲偶尔会跟同事们说别太宠着苏秋晨，但老师众口一词说苏秋晨就是很优秀呀！苏秋晨心里明白同学对她的态度分两种：一种是巴结她，另一种是躲着她，她根本不需要学习什么人际交往。这种成长环境造就了苏秋晨大大咧咧，说话根本不过脑子，但她认为自己并不是坏人。

升入初一，苏秋晨失去了母亲护佑的光环，她不会与同学平等地交往，明显感到同学对她不太友善，但幸好她和同桌郑梅关系还不错。

郑梅内向、不太爱说话，有点儿自卑。前段时间午休时，苏秋晨看到郑梅趴着睡着了，脸被压变形直流口水，觉得好玩，就用手机给拍下来，逗郑梅要传到网上去。郑梅特别紧张，央求她千万不要上传，并求她把照片删了，郑梅的举动无疑激发了她的兴趣，要好好捉弄捉弄郑梅，就说一定要上传……郑梅课间哭着给母亲打电话求助，她母亲十万火急给骁然打电话，明确指出如果苏秋晨将照片上传会给郑梅带来很大的伤害，骁然马上表态，让苏秋晨当着郑梅的面将照片从手机删除……

照片删除了，骁然觉得这个事情就过去了，没想到两个孩子内心的芥蒂并没有消除。苏秋晨觉得郑梅小心眼儿；郑梅觉得苏秋晨存心欺负人……她们每天都会发生摩擦，不是将对方的作业纸揉了，就是把对方的笔袋扔了……郑梅母亲每天给骁然打电话告状，骁然学校工作繁忙，没有时间和全职太太的郑梅母亲纠缠，非常客气地建议郑梅母亲，成年人不要过度参与到孩子之间的互动中，相信她们会处理好的。郑梅母亲觉得骁然是推卸责任，苏秋晨之所以敢于欺负郑梅，是得到了她母亲的背后支持，于是在班级“家长群里”里控诉她们母女，这个帖子很快成为热点话题，一些苏秋晨小学同学的母亲也参与进来，说苏秋晨就是仗着母亲的势力，在小学就横行霸道，欺负同学，师生都敢怒不敢言……骁然被“人肉”，甚至有人说她之所以那么年轻就走上领导岗位，背后肯定有不可告人的内幕……骁然每天心惊肉跳，不知道事态会发展到什么程度，骁然抱怨女儿惹了这么难缠的母女俩。

郑梅母亲天天和班主任联系，班主任本来就不喜欢苏秋晨，现在更是觉得她一身的毛病，特别烦她，无论她怎么做都是错的。苏秋晨已经有几天不去学校了，但郑梅母亲在群里的控诉还在继续……

“照片事件”并非偶然，苏秋晨从小集各种宠爱于一身，周围成年人给她的无原则宠溺过多，而管教和规范太少，本来升入小学可以强化社会规范意识，但就读于母亲任校长的小学又错失了这个机会。她缺乏与人平等相处的经历，难以发自内心地尊重别人，在她眼中没有权威，没有对规则的敬畏。给郑梅拍“丑照”起因是恶作剧，但当郑梅提出抗议之后，她不但没有为自己的行为愧疚，及时修正，反而激发了她戏耍人家的兴趣。骁然要求女儿当着郑梅的面删除照片的做法是对的。但之后她错过了几个补救的时机，才把一件小事情发酵成为大危机，甚至会影响她的职业形象和职业前景。

第一个补救的时机是事发的当天晚上，作为教育工作者的骁然应该给女儿进行科学的引领。进入青春期后，每个人都很在意自己在别人心目中的形象，都希望将自己美好的一面展示给别人，拍人家丑照本身既不礼貌又不道德，让女儿换位思考，如果她被别人拍了丑照还扬言上传到网上会是什么心理感受？如果同学看到丑照后对她指指点点，她又是怎样的感受？责成女儿转天要给郑梅进行真诚地道歉。

非常遗憾，骁然并没有这么做，苏秋晨根本就没有意识到自己的行为给郑梅造成的惊恐，她还觉得这是小题大做。所以才出现了两个孩子相互攻击，引发了郑梅母亲的全面介入。骁然没有意识到问题的严重性，浮光掠影地说成年人别介入，让孩子自己去解决，这无疑激怒了自认为处于“弱势”的郑梅母亲，她要寻求舆论的帮助。

第二个补救的时机是郑梅母亲在网上投诉后，骁然了解到女儿冒犯了同桌不但不知悔改，还和人家睚眦必报，应当为自己在教育孩子中的疏忽跟郑梅母亲面对面道歉，同时双方商量如何帮助孩子弥合她们之间的矛盾，如何消减郑梅被欺负的感受，双方勤沟通，多引导孩子朝着积极的方向思考对方的行为，珍惜双方的友情。

非常遗憾，骁然陷入了恐慌之中，指责女儿惹了祸，殃及母亲，她为自己的前途命运担心，却没有采取积极的补救措施，那么给郑梅母亲的信号是“你随便，我没有时间和兴趣搭理你！”

第三个补救的时机是苏秋晨开始表现出不上学倾向时，骁然要意识到女儿已经承受不了舆论的压力了。以苏秋晨的阅历万万没有想到事态会发展到这个程度，此时母亲对她的抱怨和厌烦只能使她更加恐慌、更加憎恨郑梅母女的得理不饶人。她无法心平气和地郑梅交流。骁然此刻应该以职业化的精神理性、客观和科学地分析问题并彻底解决，本着对两个孩子的伤害都降到最低为原则。

从长远角度来看，郑梅母亲的做法给骁然敲响了警钟，你可能是一位优秀的校长，但你不是一位好母亲，你与孩子之间肯定大于半步距离，不然你怎么没有意识到成长环境带给她的负面影响呢？你怎么没有意识到这个事件处理不好会给女儿造成严重的心理阴影呢？她会因为被同学和老师排斥而陷入自闭状态，不再与外界交流；也可能“破罐破摔”，行为更加叛逆、张狂，客观形成激惹同学、挑战老师的局面，并由此产生厌学倾向或厌学行为。因为你与孩子的距离大于半步，使得你对郑梅的心理环境难以感同身受，一个内向、敏感甚至有些自卑的女生如何终日面对强势的、随时偷拍自己的同桌，是不是因为对孩子的教育存在疏忽，你没有为孩子做有意义的安抚呢？

骁然深刻反思了自己在陪伴孩子成长的过程中的确投入的时间和精力太少，她和郑梅母亲进行了一次面对面的交流，真诚地向郑梅妈妈道了歉。为了更好地帮助两个孩子，她们一起来和我咨询，共同制订一个“友善计划”。两位母亲分别要求孩子找到对方的优点，找到一条优点给一个奖励；如果能够转化成为友善行动则给予一个大奖励，这样孩子以积极的角度看待对方，在她们之间制造友善的互动模式，两个妈妈也要多研究、多沟通，帮助孩子们彻底消除彼此之间的芥蒂。

丽珊幸福心理倡导温和管教，不要把孩子“被欺负”视为别人对其父母的挑战。孩子遇到困难是考验父母智慧的时刻，千万不要听信周围的“热心人”的建议，她们会站在你的角度，说你爱听的话，但无论是什么结果他都不会有任何损失。郑梅母亲一再表达对我的感谢，感谢我及时制止了这个事情向负面发展，给孩子阳光心态比什么都重要。经过双方家长的共同努力，两个孩子又和好如初了。

为了孩子的福祉，把他们培养成为你在日常生活中愿意接触的人吧：有礼貌、守规则、讲诚信、善意待人，合理表达自己诉求！一旦错过了养成良好规范意识的关键期，孩子会痛苦，父母会更痛苦！每个孩子都是一张白纸，我们在这张白纸上画出最美的图画吧！

微信扫一扫
二维码收听

微信扫一扫
二维码收听

微信扫一扫
二维码收听

第六讲 大健康，孩子受用一生的财富

父母给孩子实施温和管教的一个最大不可控因素是亲子双方是否处于健康的状态，那么健康的内涵是什么呢?传统的健康观是“无病即健康”。1991 年，世界卫生组织（WHO）提出“健康不仅是躯体没有疾病，还要具备心理健康、社会适应良好和有道德”。因此，现代人是整体健康，具体包括：身体健康、心理健康、社会健康、道德健康等。

身体健康

身体健康包括两个方面，一是主要脏器无疾病，身体形态发育良好，体型匀称，人体各系统具有良好的生理功能，有较强的身体活动能力和劳动能力；二是对疾病的抵抗能力较强，能够适应环境变化。

2007 年我国发布了《亚健康中医临床指南》指出亚健康是指人体处于健康和疾病之间的一种状态，处于亚健康状态者不能达到健康的标准，表现出一定时间内的活力降低、功能和适应能力减退的症状，但不符合现代医学有关疾病的临床诊断标准。主要表现为记忆力下降，注意力不集中，思维缓慢，反应迟钝，不良情绪，不自信，缺乏安全感。刚命名亚健康时，病患都是中年人，现在呈极具低龄化态势。

亚健康状态如果持续得不到关注和改善，有可能发展成为心理疾患，一些重度抑郁症患者或因为抑郁而自杀的人曾长期处于亚健康状态，但并没有引起自己和周围人的关注，错失了系统治疗的时机。亚健康还有可能发展成严重的身体疾病，一些恶性肿瘤或猝死的人也曾长期处于亚健康的状态。所以及时发现，彻底根治是关键。

如何应对亚健康状态？心理咨询改善负性情绪[①]状态，有氧运动提高身体的机能，中医调理提高免疫力，达成体内良好的内循环，完全可以从亚健康回归健康状态。目前很多三甲医院都开设了亚健康科。

① 负性情绪：我们从情绪对人体的影响出发，把情绪分为正性情绪和负性情绪。愉悦、快乐、幸福、轻松、宁静等属于正性情绪。而焦虑、痛苦、担忧、悲伤，愤怒等属于负性情绪。负性情绪体验是消极悲观，身体会出现不适感，影响工作和生活的顺利进行，进而有可能引起身心的伤害。

心理健康

心理健康是指人在本身及环境条件许可的范围内所能达到的最佳功能状态。目前社会上对心理健康有不同的界定，主要是把握的尺度不同。美国著名心理学家马斯洛提出了心理健康标准，我们了解一下。

1. 有足够的安全感

安全感是人的基本需要之一，主要是生活中有一定的自信心和自我价值感。这种安全感与成长经历有着密切的联系，从小得到来自父母认同比较多的孩子就会拥有安全感，如果总是被指责、批评，就会缺乏安全感。这种安全感与家庭的社会地位、经济收入没有必然的联系。寒门出英才证明了这一点。

2. 充分地了解自己，对自己的能力做出恰当的判断评估

对自己的能力有恰如其分的评估，既不过分高估自己，也不过分苛责自己。我接待的一些来访者之所以陷入惶惶不可终日的境地，就是缺乏对自己的准确评估，一味地拔高自己，无法如愿完成任务，又陷入深度的焦虑和自责之中。

3. 生活目标切合实际

为什么有的人从容，有的人焦虑？从容的人根据自己的实际

情况去生活；焦虑的人总以为别人用望远镜看着他，他要装出成功的样子。只要陷入比较之中就会拉低获得感和幸福感。

4. 不脱离周围现实环境，与外界环境保持接触

人的精神需要是多层次的，与外界接触，一方面可以丰富自己的精神生活，另一方面可以调整自己的行为，以便更好地适应环境，理智、客观，与现实有良好的接触，增强生活的现实感。有些父母性格孤僻不与人沟通交流，缺乏获得社会资讯的渠道，总是为一些小事而纠结不清，给孩子的引领也缺乏现实感和可操作性，孩子处于孤立无援的状态之中。

5. 能保持人格的完整与和谐

人贵有自知之明，了解自己的优势和劣势，明确自己的动机与目标，对自己的能力有客观的评定；价值观适应社会的主流标准，言行一致，与周围有良好的互动。有的人表面上与世无争，而内心里却耿耿于怀，外在表现和内在需求难以整合就无法达成身心和谐。

6. 具有一定的学习能力，善于学习

现代社会知识更新快，为了适应新的形势，就必须不断学习新的东西，使生活和工作能得心应手。在后喻文化时代，父母要虚心向孩子学习。人类社会经历的农业社会是前喻文化时代，前辈掌握的知识比后辈多；工业社会是同喻文化时代，前辈和后辈互有领先；信息社会是后喻文化时代，后辈知道的掌握的知识比前辈多。只有跟年轻人学习，才能跟上时代发展的脚步，避免成为“功能性文盲”[①]。

---

① 功能性文盲：功能性文盲是相对于传统文盲而言的，传统的文盲是指不具有阅读、书写或计算能力的人。最近几十年社会极速发展，新科技不断地应用于我们的生活之中，一些具有阅读、书写和计算能力的人由于种种原因对新科技充满抵触、恐惧和排斥，从而带来生活的不便利，不适应社会生活，由此成为我们所说的功能性文盲。

7. 保持良好的人际关系

人际关系是一个同心圆，最外圈是陌生人，向内依次为认识的人、共事的人、朋友、亲密关系，最内核是自己。人际交往的难度系数也是依次由易到难，一些成年人与外人互动得很好，呼

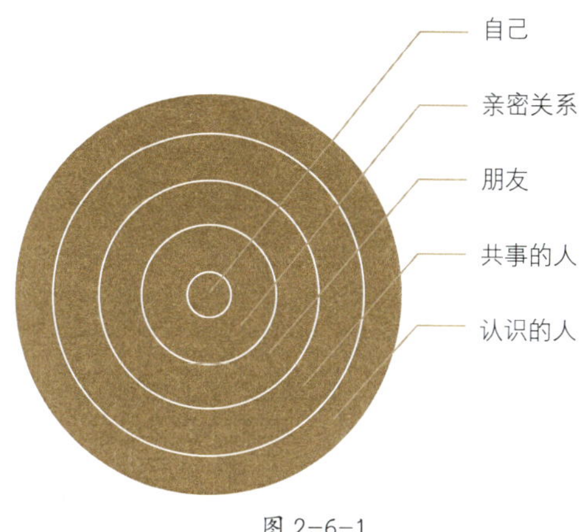

图 2-6-1

朋唤友，但亲密关系，包括与父母、伴侣、子女之间一种或多种亲密关系处理不好。也有的人认为自己特别糟糕，什么都不如别人，一无是处，这属于无法与自己和解。具有良好人际关系的人和各个层次的人都能比较和谐地相处，具有爱与被爱的能力。

8. 能适度表达、宣泄和控制自己的情绪

中国崇尚忍字文化，有情绪不能表达出来，尤其是男孩从小就被要求“男儿有泪不轻弹”，没有学会正确的表达情绪的方法。我们要接纳自己的喜怒哀乐，并以恰当的方式表达出来是十分必要的。

9. 在符合集体要求的前提下，能有限度地发挥个性

个人的才能和兴趣爱好应该以合适的方式发挥出来，但一定

遵循“你好，我好，世界好”的原则，不违背原则、不挑战规则、不妨碍他人利益，更不能损害团体利益，否则会引起人际纠纷，深陷矛盾冲突之中，不但无法发挥才干，还对心理健康不利。

10. 在不违背社会规范的前提下，恰当地满足个人的基本要求

每个人都要严格地遵守法律，在符合社会道德规范的框架内，实现自己的合情合理的诉求，否则将受到良心的谴责，舆论的压力乃至法律的制裁。正义会迟到，但永远不会缺席。

综上所述，心理健康的人应该是：善于学习，具有正确、现实的价值观和生活目标，社交能力强，善于表达，精神愉快，不易陷入恐惧或伤感，对事业较投入，为人正直，富于同情心，情感生活较丰富但不逾矩，无论是独处还是在群体之中都怡然自得。

你是不是觉得这个心理健康的标准太高了？是的，马斯洛对世界近现代史 48 位“自我实现者”的心理行为模式进行归纳，列出了以上心理健康标准……这 48 位包括林肯总统、罗斯福总统、科学家赫胥黎等等。所以被称为心理健康的精英标准。

那么我们如何来判断孩子是否心理健康呢？我觉得自己是具有一定发言权的。我自 1994 年在耀华中学担任心理课教学，28 年始终没有间断；1995 年开始在全国各大主流媒体，包括《中国青年报》、天津人民广播电台开设“丽珊热线”“丽珊老师信箱”，为全国各地的青少年朋友提供心理支持；自 2000 年开始担任十余家欧美企业的心理顾问，给成年人做心理咨询。咨询领域包括职业生涯规划、情绪管理、人际交往、婚姻治疗、家庭治疗、亲子关系、学习心理、管理咨询、性心理治疗等方面。下面我从六个方面阐述青少年心理健康的标准。

一、脑神经发育正常，智力中等及以上

智商是测量个体智力发展水平的一种指标。德国心理学家施太伦最早提出，后来美国斯坦福大学的心理学家推孟制订了“斯坦福—比内智力量表”，智商是智力年龄除以实际年龄所得的商数，即智力商数（IQ）=MA（智龄）/CA（实足年龄），然后乘以100。

智商140分以上是天才、120~140之间是优秀、110~120是聪颖、90~110是中等、80~90是迟钝、70~80是临界、70以下是智力缺陷。目前心理学和脑科学界的研究成果认为，智商具有相对稳定性。就智商来讲，只要能够顺利完成中学教育，都应该没有问题。

决定一个人是否成功的公式是：成功 = 智商20% + 情商60% + 其他20%，智商在成功中所占比例很有限，所以我不主张出于好奇去测试智商，我在咨询中遇到的成绩特别落后或有严重厌学倾向的学生，有的就测过智商，得分很高，恃才傲物，认定自己无须努力，成绩就会好，结果耽误了学习。也有个别的学生测的智商不高，陷入严重的自卑之中，认定自己一事无成……绝大多数人的智商都在100~120之间。

二、心理年龄与生理年龄保持一致

生理上15岁，心理年龄也要达到15岁。一些孩子与父母是“嵌入式”的关系，父母“替代成长”，把孩子放到密封罐里培养，孩子对人生方向一无所知、没有任何生活技能、不懂得人情世故、缺乏基本的适应能力，心理发育停滞。每当父母以爱的名义为孩子做各种决定之前，要反复追问一下自己：这样做对孩子的成长真的有利吗?

案例分享

替代成长，让孩子心理“冻龄”

赵玮一直生活在母亲营造的“真空环境”中。生活上不用自己操心，母亲一手包办；专业选择不敢自己做决定，母亲就是标准答案。考上北京一所大学的研究生后，母亲陪读一年，研二住回宿舍，她彻底崩溃：生活完全不能自理，东西乱放找不到，被宿舍同学嫌弃；与导师沟通学业任务不顺畅；不知道如何与异性交流；自己未来如何生活……研二寒假之后她不再返校，坚决退学，母亲带她找我咨询。

交流之初，她就像一个受惊的小朋友，“我不知道……我妈妈知道”是她的固定句式。我带领她慢慢接受已经25岁的自己，写出自己的现实问题：

1. 不喜欢北京，大得让人崩溃；
2. 注意力无法集中；
3. 不知道如何与宿舍同学交往；
4. 导师总是将许多别人不愿意做的工作交给她；
5. 专业课程根本听不懂，作业不知道从何入手；
6. 每天心里空落落的，对未来充满了恐惧；
7. 开学要交开题报告，不知道如何开题；
8. 生活能力差，什么都不会做，被同学笑话；
9. 不知道以后做什么工作；
10. 不知道如何与男生交往……

我的咨询方案是从培养她生活自理能力开始，收拾房间、安排日常起居；大声朗读美文，提高语言的丰富性；主动与周围人打招呼。女儿每前进一步，母亲就后退一步，渐渐地女儿独立了，此时母亲也逐渐退回到半步之外，关注孩子的成长，给予及时的肯定和助推。

学生时代是一个人形成独立意识的关键期，在社会活动中培养自己的办事能力，积累经验并建立自信。可是在现实生活中，父母为了让孩子专注读书，无论是人生的方向还是日常的生活，父母都全面包办。从生活上无微不至的照顾，到考大学选专业的越俎代庖；从人为地为孩子营造“真空环境”，到将孩子的人生简化为学习机器……孩子缺乏基本的生存能力，对父母的过度依赖，无力招架生活中的各种挑战，母亲无法袖手旁观，只能继续卷入孩子的生活之中，父母的“替代成长”使孩子的成长永远地落后于同龄人，陷入啃老的尴尬境地。

父母如何对孩子的心智成长做到心中有数呢？只要老师告诉父母，你家孩子特别单纯、心理年龄小，千万不要认为这是褒奖，而是提醒父母要注意培养孩子的生活能力和独立思考的能力，让孩子的心智和生理年龄相匹配。

那么，父母如何助推孩子自主成长呢？帮助孩子树立科学的价值观和正向的人生观，使孩子具备自主成长的力量并鼓励他们付诸行动。许多年轻人告诉我，只要听父母的，选择错了也不会落下埋怨，他们被啃也没有怨言；如果孩子自己做主，万一错了就惨了。表面上孩子很听话，实际上他们是在推卸责任。高中阶段的父母要鼓励孩子自主规划职业生涯，搜集更多的资料，做到知己知彼，亲子之间充分交流，确定后孩子就要为自己的选择负起责任来。

三、心理年龄和行为举止保持一致

学生时代是一个人最美好的年华，素颜的女孩子由内而外散发着清纯的气息，但有的女孩子被时尚误导，用化妆品、性感服装包裹自己，枉费了美好年华。

女生可以将可爱、优雅作为自己的追寻目标。这既是一个审美问题，更是价值观问题。有的女生在教室、楼道里大喊大叫，与男生追赶、打闹；有的女生过度关注异性，口无遮拦，把说黄段子当作炫耀；有的女生将自己打扮成“大姐大”，把骂街当成彰显自我价值……这些行为都在给自我形象减分。无论你有怎样的家世背景，将“可爱、正派、优雅”当作自己的成长方向，你就会收获幸福、从容的人生。

男生一生要追寻的目标是“可敬”，释义为值得别人尊敬。初中阶段，有的男生嘴欠被女生追打，这是一个两败俱伤的事情，表明男生没有做到可敬，被女生轻视；而女生则没有做到“可爱、优雅”。

可敬男生，人气不高怎么办?

王硕是初一某班的班长，一脸正气，有很好的教养。他所在的班级风气涣散，一些女生和调皮的男生大呼小叫扰乱班级秩序。

王硕作为班长要维持纪律，那些女生就说他胖、不帅、没有女生缘儿。她们还纠集几个男生给王硕起哄。王硕感到自卑，向我求助如何能让自己受同学欢迎，我问他欣赏那些大呼小叫的女生吗？他说欣赏文静的女生。既然不欣赏那些女生，她们对你的评价有意义吗？在群体里，不是谁对我们的评价都要在意的，重点的是看谁在说。那些散漫女生因为被班长约束，心存不爽，给班长差评、挖苦讽刺很正常，完全不用理会。我鼓励王硕不忘初心，严格规范自己的言行，把自己塑造成为被正能量同学认同和尊重的班长。

四、热爱学习，真诚地表达自己的正向期待

学生群体中有他们自己的评价分类：表面不努力学习但成绩好的是学神；努力学习成绩好的是学霸；不努力学习成绩不好的是学渣；努力学习成绩不好的是学傻。在学生中存在以“学神”和“学渣”为荣，以“学霸”和“学傻”为耻的审美倾向。有的学生原本自己渴望成绩好，却要表现出对学习无所谓，造成与自己的目标渐行渐远，心口不一致会引发身心不和谐。有的学生生怕自己努力了却无法得到满意的成绩，就常常说“我根本就不想好好学习，学习有什么用呀”？本来是想给同学放个烟幕弹，却不料给自己催眠了，成绩真的出现问题，老师和父母会认为他的学习态度有问题，找他谈话、严厉地批评……这无疑让他的心理雪上加霜。作为学生，热爱学习是一种有责任感的表现，没有必要掩饰。

五、人际关系良好

许多出现心理问题的学生，他们核心的问题是人际关系问题。我接待的许多厌学学生在学校没有健康的人际关系。其中包括师生关系、亲子关系、同学关系、同性朋友关系、异性关系、与陌生人之间的关系等等。人际交往是一门学问，我即将出版的本丛书的另一本《教子不迷茫——心理专家和家长的心灵对话》中全都是案例，第一部分是求助者说；第二部分是同伴导师郭子轩站在孩子的角度，告诉父母孩子为什么这样做以及他们希望父母给予怎样的沟通或者是帮助；第三部分是我的解读和建议。大家阅读后深刻体会到人际交往对于成长中的孩子来讲有多重要。

六、以正确的方式表达自己的情绪

每个人都要学会情绪管理，既不要压抑情绪，将简单的问题积累成大问题；也不要不加管理，恣意地释放负性情绪，伤害周围的人，影响自己的心理健康，破坏人际环境。

丽珊幸福心理的温和管教指出：人的成长是知情意行逐步整合、逐步上升的过程。“知”是认知、观念，认知又包括感觉、知觉、意识、注意和记忆。“情”是指情绪和情感；“意”是思维模式，并形成固定的观念与意志；“行”是行为与表现。父母要尊重孩子成长的规律，因势利导，帮助孩子树立正确的价值观和人生观，自主地选择正确的人生，并具有持续性的行动。

社会健康

社会健康也称社会适应性，指个体与他人及社会环境相互作用并具有良好的人际关系和实现社会角色的能力。有此能力的个体在交往中有自信和安全感，与人友好相处，心情舒畅，少生烦恼，知道如何结交朋友、维持友谊，知道如何帮助他人和向他人求助，能聆听他人意见、表达自己的思想，能以负责任的态度行事并在社会中找到自己合适的位置。

什么样的人属于社会不健康呢？终日抱怨社会不好、同学（同事）不好、家人不好、自己也不好；放大生活中的不如意报复社会，制造网络暴力、严重扰乱公共场合秩序；整天愁眉苦脸、心烦意乱、长期在苦闷绝望中挣扎、煎熬；敌视周围人、冲突，甚至犯罪；不能与人融洽相处，整日疑神疑鬼；成人后找各种理由不去工作，甘做啃老族；夫妻不和、争吵、打闹、离婚……

社会适应不良会遗传吗?

郭也煌觉得人生太艰难了，研究生班的同学都有意欺负他，老师也瞧不起他。他不是热爱学习，而是想通过上研究生、博士生来延缓进入在他眼中险恶的社会，但现在看来大学也不是什么清净之地，他气馁了，想彻底放弃人生了。

郭也煌的爷爷是一位在专业上很有建树的科学家，曾对唯一的儿子寄予厚望，但也煌父亲从小就对学习不感兴趣，两次高考落榜，也煌爷爷大失所望，硬着头皮找单位领导给儿子安排到后勤工作……也煌父亲为了生存，在单位唯唯诺诺，回到家就大骂周围每一个人，在他的眼里，这个世界除了亲情之外，没有任何情感是真实的，只有利益、地位……弱肉强食是必然的。他将自己眼中的“生存之道”锲而不舍地灌输给也煌：今天的一切努力就是为了明天不做案板上任人宰割的肉，然后学着去宰割别人……

郭也煌外在形象比较朴实，开学后不久同学们就公推他做班长，他认定这是同学有意欺负他、奚落他。从小到大，他从来没有做过班干部，毫无经验可言，父亲深思熟虑后建议他接受这个职务，在研究生阶段当班长可以比普通同学知道更多的保博信息，近水楼台先得月……但在也煌的眼中，自己就是同学们的保姆，复印资料、收各种费用、找导师拷贝 PPT……

困扰也煌的问题可能在许多人的眼中都是些微不足道的小事，

但从小耳濡目染父亲“人性恶”，要处处、事事精于算计以防被伤害的观念使也煌在人际交往中患得患失，生怕上当受骗，人际交往始终不顺畅，无法获得幸福感。

家庭是塑造人的工厂，父母将自己对社会的认知有意无意地传递给了孩子，在某种程度上就强加给孩子一个观察世界的取景框，很难改变。世界到底是怎样的？其实只有由感官经验塑造出来的世界，没有绝对的真实世界。每个人将用自己的取景框选取的资料，按照自己主观的判断对资料进行筛选，再经由自己的价值观过滤，最后储存在脑中。假如认定世界是黑色的，就自动屏蔽掉生活中的五彩斑斓，专门看黑色的，反复循环论证世界就是黑色的。也煌父亲将自己的价值观传递给儿子，可能是希望儿子避免重蹈父亲不努力读书，在职业上就没有选择权的覆辙，却忽略了当儿子被动戴上有色眼镜去看世界时，他所体会到的痛苦和惶恐。

丽珊幸福心理倡导的温和管教是给孩子建构健康的、正向的价值观。诚然父母的人生经历中可能有过窘迫、被剥夺、被抛弃，这种负面的经历带给人的伤痛就止步于父母本人，不要再蔓延给孩子了。父母要培养孩子以一颗赤子之心，热爱生活，在他自己人生的白纸上画出最美好的图画。

道德健康

道德健康是平衡健康的第一要素，健康应“以道德为本”。“道”既是指人在自然界及社会生活中待人处世应当遵循的一定规律、规则、规范等，也是指社会政治生活和做人的最高准则。“德”是指个人的品德和思想情操。道德是人类所应当遵守的所有自然、社会、家庭、人生的规律的统称。违反了这些规律，人的身心健康就会受到伤害。因为人的价值观和人生观在年轻时已经形成了，种子早已埋下，只是等待获得成长的时机而已。培养孩子道德健康，为他收获有尊严、可持续发展的人生奠定坚实的基础。

投机取巧使他面临信任危机

高三年级的马云龙被班主任劝退，他父母在咨询时将班主任发来的短信截屏给我看，“马云龙的行径全年级师生都知道，你觉得他还能在这个班继续学下去吗？”父母说他们要保留这个证据，如果儿子被逼寻了短见，他们要把这些公开，用社会舆论搞臭这个班主任和这所学校。

一个18岁的孩子为什么会被师生如此厌恶呢？一家三口都具有强烈的成就动机，这所重点高中具有很好的社会认同度，由此获得许多推荐大学集训的机会，选拔标准就是历次大考的成绩排名。马云龙通过高超的作弊技术，排名靠前，由此获得推荐机会，同学对他的厌恶和嘲讽激发了他强烈的报复心理，他偷了学委收的学费，制造班级恐慌……班主任每次请家长，父母都会替孩子开脱，使得班主任对父母的道德健康也产生了巨大的怀疑。

每天到学校对于马云龙来讲压力很大，他想去教育机构上课。此时父母陷入了无力的状态，他们既保证不了孩子在学校考试不作弊，又无法消除老师对一家三口的成见。只能想着如果儿子被逼死了，他们就和学校决一死战。

人的价值观在高中阶段基本形成，一言一行堆积起来就是自己在同学心目中的形象，未来大家各奔东西，没有机会在一起共事了，每个人确立的自我形象因此被固化，很难更改。为此，我建议马云龙一定在哪里摔倒就在哪里爬起来，通过高考前与同学共处的日子改善自己的公众形象，今天的你不要做让明天的自己后悔的事。

孩子是父母的一面镜子，不仅照出了父母，而且还会将父母身上的问题无限放大。父母本应为孩子的作弊和偷钱行为感到耻辱，反思在孩子成长过程中的失职，全心全意地投身到帮助孩子修正道德不健康的工作之中，而不是将斗争的对象指向班主任和学校。这种价值取向误导孩子，会让孩子认为自己没有错或仅仅是小错误，是老师抓住小辫子不松手，这样就不会踏踏实实地改善问题行为。具有正能量且符合社会行为规范在成长中心理成本是最低的，获得幸福感的可能性是最大的。

微信扫一扫
二维码收听

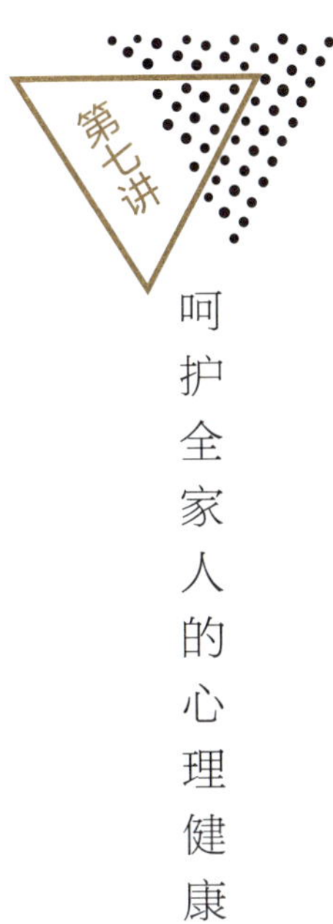

第七讲 呵护全家人的心理健康

丽珊幸福心理指出温和管教的前提建立在亲子双方都是心理健康的基础上，因为心理不健康就会造成情绪失控，难以达成良好的沟通和交流。如果父母处于心理困扰或者心理疾患之中，他们就无法控制情绪，看待问题就会比较负面、悲观，从而放大孩子的问题，“教育”孩子就变成释放负性情绪的过程，给孩子造成心理伤害；如果父母不了解孩子已经陷入了心理疾病状态，还以健康孩子的标准要求孩子，就会进一步恶化孩子的心理疾病。所以每一位现代人都需要了解心理健康的标准，学习心理自助和求助的方法。

心理健康的灰色区域理论

心理健康是一个动态的过程，每个人的不同阶段都会处于不同的情绪状态，同一个事件在不同的人身上引发的情绪反应也是不同的，如果长期处于负面情绪状态，就有可能造成心理问题或引发躯体的疾病。为什么有的人一个冬天会反复感染流感？为什么有的学生考试之前就会肚子疼，要去大便？为什么有的孩子早上要去学校就胃疼、头疼？为什么本来精明能干、通情达理的老人患了重大疾病之后，脾气就越来越暴躁？这就是身心互动，具体分为身心疾病[①]和心身疾病[②]两种。遇到心理问题向谁求助呢？

① 身心疾病：按照中医学说法：身心疾病则先病而后郁。因人的机体发生了生理变化而引发了个体心理、行为上的变化。例如：老年性痴呆、更年期综合征等等。这些生理变化导致心理、行为的变化，与当事人社会认识无关，其心理、行为的变化不受自我意识的控制调理。比如，一些好强的人身体得病之后力不从心，一旦周围人做事无法达到他的预期就会感觉丧失权威感，由此情绪失落、沮丧，加重身体病痛的体验，甚至引发疑病症。

② 心身疾病：按照中医学说法：心身疾病为先郁而后病。心身疾病的发展过程与身心疾病相反，心身疾病是由于当事人在生活学习和工作环境中遭遇重大挫折或者自认为非常重大的打击，出现焦虑、不安、恐惧等负性情绪，并伴有失眠、食欲不振，影响身体的正常运行，进而出现躯体化症状，常见的有消化道系统疾病、心因性阳痿、强迫行为等。

如果选择错误不但解决不了问题，而且还有可能被误诊。心理健康是每一位现代人应知应会的常识，既要避免贻误改善的最佳时机，又要避免过度治疗。

心理学家将人的心理健康状态用一条由白色到黑色的渐进线来量化，就心理健康的指标来讲，我们每一个人都在这条线上，只是不同的时期所处的位置不同；不同的人在不同的位置。

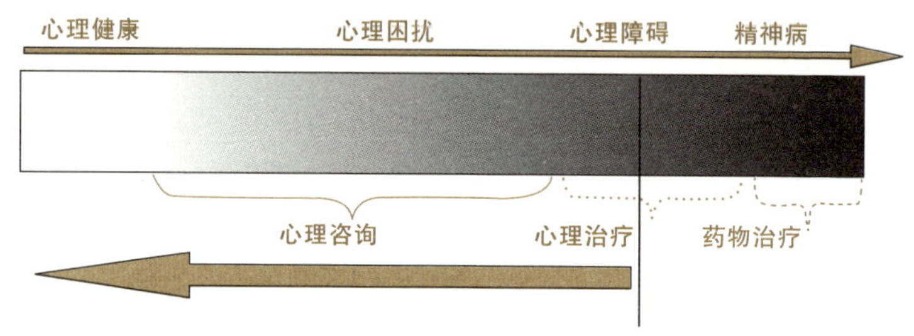

图 2-7-1　心理健康状况图谱

一、白色区域

是心理健康的人，白色区域的人也会有情绪波动，只是具有比较强的复原力，逐渐平稳下来或整个情绪波动的振幅比较小。

二、浅灰色区域

是有心理困扰的人，由于各种生活压力而产生心理冲突，突出表现为失恋、丧亲、家庭不和、学业困难、工作压力、人际关系不和睦等各种矛盾带来的心理不平衡和精神压抑，属于非病理性精神痛苦。

如何区分自己是白色区域中的情绪波动还是已经进入到浅灰色区域呢？以下有三个指标，如果全都符合就说明已经进入浅灰色区域了。

1. 为同一件事；

2. 负性情绪困扰 7 天以上；

3. 负性情绪程度递增。

什么叫程度递增呢？举个例子，比如你和办公室的一位同事有矛盾，只要面对他就觉得心里特别不舒服，但走出办公室就没事了；随着时间的推移，哪怕参加快乐的聚会，也会突然有“阴影掠过”的感觉，觉得热闹和快乐是人家的，自己还要面对不愉快的人和事；再过段时间，晚上睡觉，突然间惊醒，明天上班又要遇到那个人了……这就是程度递增。因为各种原因厌学在家，孩子的父母容易进入浅灰色状态。

三、深灰色区域

是患有心理疾病的人，他们有各种异常的人格和神经症，如强迫症、抑郁症、焦虑症、恐惧症、癔症等，是各种变态人格与人格异常以及有障碍的人，属于病理性心理疾病。

四、黑色区域

是精神病患者。一般都是有家族遗传的。

人生是一个连续变化的过程，从个体来说，一个人的心理健康与否并非恒定不变。从群体来说，人类的心理健康是正态分布，两极小，中间大。白色区域中有的人总是情绪波动，今天和同事闹别扭；明天和孩子着急；后天又和陌生人争吵起来……尽管不是为同一件事连续困扰，但也应关注这种负性情绪到底来自哪里，要避免长期的负面情绪引发身体的疾病。

心理不健康的表现和原因

心理不健康是指人的基本心理活动过程不协调，具体表现在：（1）记忆力减退（2）注意力不集中（3）缺乏自信心（4）过多的内疚、自责（5）悲观厌世（6）忧虑、惧怕（7）失眠（8）烦闷不安（9）逃避（10）沉溺某种活动（酗酒、网络、性）。

在我接待的大量来访者中，他们会有上述的某一种或几种状况，程度各不相同。影响心理健康的因素分为外在和内在因素两大类。

一、外在因素

1. 社会快速发展，新生事物层出不穷，给个体带来很多的不确定因素和个人无法把握的因素，如果不能有效地应对这种挑战，就会产生紧张、焦虑和心理失衡。新时代造成个人经验贬值，许多人对前途充满了恐慌和迷茫，造成个人对自我生命样态的控制力减弱，进而增加了遭遇风险的可能性。在正常成长和发展的过程中，急剧的变化或转变导致的异常心理反应。

2. 短期内经历一连串生活事件。例如迁徙、升学、升职、孩子出生、退休等，都可能导致发展性危机。

3. 人际关系出现问题，支持少了，冲突多了。工作压力大，和家人的关系变得疏远；在单位中竞争过于激烈，没有享受到团队合作的愉快；在有限的时间内要完成的任务错综复杂、千头万绪，压力巨大。在我给欧美企业员工提供心理支持时，造成他们心理困扰的还有不同文化差异造成的隔膜等等。

二、内在因素

1. 如何看待自我？有的人习惯于将自己的不如意归因于原生家庭和成长经历，给自己负面的评价，“我赶上了所有的倒霉事，我不相信自己会遇上好事情”。有的人追求完美、不会说不、万事不求人、出人头地，逼自己成为“必须的自我”，强制性让现实自我向理想自我靠近，无法达成就会自我憎恶和自责自毁。还有的人将生活目标定义为得到别人的承认、关注、尊重，他们重视结果、看重别人对自己的评价，无法成为自己情绪的主人。美国著名的管理学大师斯蒂芬·柯维指出比较是危险的，比较就容易产生不安全感。如果我们的价值和个人安全意识来自与他人的比较，就会变得喜怒无常，一会儿觉得比别人强，一会儿又觉得比别人差。

2. 自我管理水平，包括目标管理、时间管理、情绪管理、压力管理四个方面。缺乏自我管理的人就会沦落为失控的自我，碎片化的时间、碎片化的生活、碎片化的情感。

插班使她患上了严重的心理疾病

李丹阳初三转学到户口所在的大城市，对周围的一切都很陌生。她明显感到班主任对插班生很冷漠，这与自己在原来学校时众星捧月的感觉形成鲜明对比，闺蜜提醒她老师都不管插班生，还嘱咐她千万别用大眼睛盯别人，被她盯的感觉特恐怖。

班主任把她安排到最后的单座，既看不到黑板又听不清楚老师讲课，李丹阳找班主任申请坐前面，班主任说座位是按照考试名次学生自主选择的，成绩好的学生都喜欢坐前面。最后双方达成一致，她固定坐在靠门的第一位，不参加轮流换座。黑板反光，她看不清时就探出身子，用手托着眼镜，很费力才能看清。但她知道不能再跟老师提什么要求了。第一学期期末，她考了班级 40 多名，意味着根本进不了重点高中，为此她哭过很多次。

第二学期开学，李丹阳出现了新问题，只要上课眼睛就会有强烈的灼烧感，并且她觉得只要有这种疼的感觉，眼珠就会自由漂移，她对眼珠看向何方没有任何控制力。但走出教室眼睛就没问题了，可中考得在教室里进行呀。渐渐地，她“听到”同学抱怨她总是用大眼珠子盯着自己，甚至一位成绩很好的男生跺脚破口大骂：“真讨厌，使阴招牵扯别人的精力。”李丹阳特别委屈，自己只想看黑板，并不想打扰任何人。为了避免眼睛乱看和缓解眼疼，只要上课，她就闭上眼睛，努力用耳朵捕捉老师的声音，记住老师所讲的内容。最让她痛苦的是课间找老师问问题，老师说：“你好好听课，完全可以自己解决。”老师对插班生的歧视让李丹阳更加无所适从。

无论什么原因，选择转学都需要慎之又慎。插班生的压力包括：（1）来自自己内心“被排斥”的念头，放大同学一些不太友好的言行，让自己“陷入”被欺负、被排斥的状态之中。（2）来自地域和习俗方面的差异，每个地区都会有约定俗成的行为习惯，环境适应是一个比较漫长的过程，而初三年级转学的学生，一进学校就马上投入高强度的学习之中，无形中会加大适应的难度。（3）认为父母为自己学业付出得比其他孩子的父母更多一些，希望用更好的成绩回报父母，加大了“成就紧张”，容易陷入焦虑之中。

丹阳是容易被暗示的孩子，原来学校闺蜜所嘱咐的两件事逐一应验。第一件是老师都不喜欢插班生，于是她从老师的言行中收集歧视插班生的蛛丝马迹，由此循环论证。一是座位问题，一些毕业班老师找我做职业解压咨询时都会提到座位问题，为了避免被指“受贿”，班主任往往采取成绩优先选座的方法，公开透明。我们姑且不论是否科学，但能保证公开。二是不解答她的提问，老师最反感学生上课不认真听讲，下课占用老师休息的时间单独提问。丹阳上课闭眼的行为被老师误会了，所以丹阳要和老师单独面对面讲明眼睛的情况，赢得老师的体谅。

第二件是丹阳眼珠太大，盯人会让对方觉得不舒服。第一排侧面的位置真的不算是好位置，看黑板很费劲儿，但既然是自己跟老师提出来的，就不能出尔反尔，只能将就着坐。但潜意识中特别希望找到某些外在原因来向老师提出新的换座方案。强烈的心理紧张引发了躯体的“症状”，我建议丹阳到医院对眼睛进行全面的检查，如果没有器质性问题，只要放松心态，这种状况自然会消除。

身心疾病和心身疾病

心理和身体是密切互动的，分别为身心疾病和心身疾病。

一、身心疾病

是因人的机体发生了生理变化而导致的心理、行为的变化，负性情绪又反过来加重躯体的症状，或本人感受到的痛苦度提升。

为什么生病的母亲如此难相处？

刘平的母亲是位事业心强、卓有成就的外科医生。命运多舛，刘平高一时，母亲被查出癌症，术后在家休养。刘平为了让母亲的情绪好起来，经常给母亲讲学校的趣闻，持续一段时间，母亲幽怨地说："我得癌症，你真的发自内心地高兴吗？"刘平连忙解释是为了让母亲开心。母亲说得了癌症就不可能开心。尽管刘平心疼母亲，但不敢再说笑话了，每天回家低头吃饭、安静写作业，过了一段时间，母亲又说："我拖着病体照顾你，你都甩脸子，等我需要你照顾了，真不知道你会如何折磨我……”

刘平真的不知道该如何与母亲相处了。

在现实生活中，精明能干的人患上重大疾病之后出现心理问题的概率相对更高，周围人干活的状态无法达到他们的标准，而自己又心有余而力不足，容易产生强烈的心理落差和焦躁的情绪。有些老人得了慢性病之后出现疑病症，担心自己患上危及生命的疾病，总是要求子女带着去医院检查。如果医院检查没有器质性病变，可以考虑带老人到心理科就诊。

二、心身疾病

是因为心理上的因素而引发的躯体上的反应。许多疾病都与心理有关，几种常见的与心理因素相关的病症：

1. 进食障碍，比如神经性厌食、神经性贪食症、神经性呕吐。我在咨询中遇到这类情况的起因往往曾经因为“肥胖”被嫌弃过，他们陷入减肥的泥潭不可自拔，进而出现心身疾病。我辅导他们的要点是接纳自己，建立多维度的自信。

2. 睡眠障碍，往往是内心有太多的焦虑和不安，我在咨询中会采取综合施治的方案，从降低焦虑、饮食、运动等方面助眠。

3. 性功能障碍，现代人对性生活的质量有了较高的要求，性生活不和谐会使夫妻双方幸福感下降，情绪失控，严重的导致感情危机。我在咨询中，对性欲减退和心因性阳痿的来访者，从夫妻情感和沟通模式改善入手，帮助他们恢复健康，提高性能力，达成和谐的夫妻生活。

4. 支气管哮喘和消化道溃疡也属于特别明显的身心问题。

产妇自杀，源自产前抑郁

这是一个医疗事故。一位产妇开始宫缩之后疼痛难忍，她求医生给她做剖宫产，几次请求都被医生拒绝，她在疼痛和绝望中跳楼身亡。这件事被上传到网络上，网友大骂医生冷漠，一尸两命。医生辩解说当时婆家得知胎儿是女孩，坚决不让剖腹；网友又大骂婆家重男轻女坏良心，家属辩解医生并没有强调说如果不剖腹会危及生命。问题的关键被所有人忽略，产妇可能是患有产前抑郁。

临床医生如果学习一些心理学知识，便能够更精准地把握医患的身心状态，及时采取必要的心理介入，既可以减轻病患的痛苦，又能降低医患矛盾。我在给临床医生作心理培训时强调，每种疾病都会造成痛感，但如果病患表现出来的痛感远远超过了临床经验的话，医生要请心理科医生会诊。如果确认是因为心理问题加重了个体痛感体验，服用一些抗抑郁的药物就可以极大缓解。

选择最适合你的心理支持者

不同心理状态的人向不同的心理工作者寻求精准的帮助。

一、心理咨询师：服务于白色区域中总是处于情绪波动的人和已经进入浅灰色区域的人。

心理咨询是指心理咨询师通过和来访者建立起相互信任的关系，在交流中发现引发来访者负性情绪的不合理理念和引发不合理理念的根源，帮助其修正。理念改变了，负性情绪就会减缓，再引导其采取正确的行为方式，优化与周围环境的互动，恢复身心平衡、提高对环境的适应能力、增进身心健康。

决定心理咨询效果的因素：

1. 心理咨询师能带入咨询关系中最有意义的资源就是他自己。咨询师要身心健康、社会适应良好、人际关系和谐、具有一定的社会参与度和成就感。丰富的人生阅历比心理学理论更有意义，这样的咨询师能给来访者以有力量感的陪伴，解决方案更符合社会现实，具有针对性和实效性。心理咨询是用生命感染生命的职业，只有成功的人才能引领别人获得成功。

2. 来访者的自我改善的愿望是否强烈，可调动的资源是否充分。

有的孩子通过不到校上课逼迫父母就范，买配置更高的手机，晚上回家玩游戏到凌晨，父母无权过问……他们心里清楚接受心理咨询的最终目标是这些“权益”被收回，还得学习、写作业……所以拒绝咨询，就算硬着头皮做咨询，阻抗明显，难度大。有的学生从小没有养成良好的学习习惯，基础知识薄弱，面对升学考试，就算心理咨询帮助其强化学习动机，但落实到学习内容上还是举步维艰。

3. 来访者家庭的配合度，一些父母不想为孩子解决心理问题而改变自己既有的生活模式，有的父母甚至会对孩子说“你心理有毛病，为什么让我改变呢？”

4. 来访者及其家人对心理咨询师的信任度，亲其师信其道。我的咨询成功率高得益于被高度信任，所以心往一处想，劲往一处使。针对高难度案例，我的咨询方案会几个线索一起推进，有的时候来访者并不能完全理解，但他会按照我的建议去做，这样推进速度快，咨询目标达成后，回顾整个咨询过程，他们会发现，我是“走一步，看两步，兼顾第三步”。如果缺乏对咨询师足够的信任根本无法达到这样的效果。

在心理咨询过程中，最有效的资源是咨询师自身。心理咨询师的个人成长对咨询过程和效果有重要的影响。心理咨询的过程是咨询师以自己一个真实的生命去体验另一个生命，协助其达到自我改变、自我发展的过程。这个过程既不单纯是一个认知过程，也不单纯是一个情感过程，而是咨询师全部人格投入的过程。如果咨询师自身的价值观和世界观偏离主流社会，就会投射到来访者身上。

缺乏人伦的心理咨询毁了小姑娘一家

刘雯特别自卑，不擅长与人交流。因为心态不好，中考发挥失常，进入职业高中。她无法融入到同学之中，心里特别压抑。每天对着镜子看自己，越发觉得鼻子长得太难看，终于知道没人缘的原因，她坚决要求给鼻子做整形手术，遗憾的是手术不成功，造成增生，不停地流鼻涕……刘雯更自卑了，半个多月没到校上学……在家期间，她收看电视里的“心理咨询”类节目，一个咨询师举重若轻地将复杂问题用十几分钟彻底解决……刘雯坚信这位心理咨询师可以帮助她处理好人际关系，以便重返校园。父母带她找到这位咨询师。

心理咨询师的咨询方案是将刘雯原有的价值系统打碎，建立全新的价值体系，刘雯就能快乐生活了。每周刘雯都怀着顶礼膜拜的心情与咨询师交流。不是沙盘就是催眠，气氛神秘怪异，就是不解决现实的问题……几次交流毫无进展，刘雯怯生生地说：“老师，我想请您帮我改善人际关系，我希望尽快回到学校。”咨询师像抓住问题症结一样，说：“你旧的价值体系还没有彻底打碎，人际关系非常不重要，我的人际关系就不好，你去问问我们公司的人，他们都知道我人际关系不好，但这并没有妨碍我成功呀。一个破职业学校有什么可上的？你在淘宝上开个店，做些小生意不就回避与人打交道了吗？……”二十几周的连续咨询，刘雯没有任何改善，她鼓足勇气提出如何回归学校，咨询师明确告诉她如果回学校会精神分裂……咨询师引导刘雯思考："你的自卑其实是替别人的错误买单，你长得不好看是谁造成的？你不会交往又是谁的失职？你手术不成功是谁造成的？为什么父母不舍得给你选择最好最贵的美容师？……"刘雯如梦方醒，她所有一切不如意都是父母造成的。刘雯发疯地冲出咨询室，扑向母亲，把母亲打得遍体鳞伤……刘雯被送进精神病院……

刘雯父母向我求助时将前面的经历讲给我，但至于咨询师到底跟孩子说了什么，她的咨询方案除了"打碎旧的价值体系，建立新的价值体系"之外，什么也没有跟他们说，他们多次询问，咨询师说要为来访者保密，父母没有必要知道这些。父母对整个咨询是失控的，我在咨询中常说父母、孩子和我组成学习小组，共同面对问题，解决问题。怎么可能把父母屏蔽在咨询之外呢？

我咨询的流程包括三个阶段：

1. 和父母进行交流，充分了解孩子的成长环境、父母的教养方式、亲子之间的沟通模式、孩子的成长经历和此时孩子面临的困难，如果孩子的问题比较复杂和严重的话，第一次咨询需要父母单独来，和父母初步订立咨询的目标。

2. 和孩子单独交流，因为了解了一些背景资料，比较容易建立信任关系，咨询推进会比较快。和孩子交流结束前提出阶段性的建议。

3. 再和父母交流，在尊重孩子个别隐私的前提下，我将对孩子问题的分析讲给父母，完善咨询目标，指导父母如何与我配合，给孩子最科学的陪伴。父母对整个咨询的进程始终都是心中有数的。

从我 28 年的心理咨询经验来看，孩子真正需要保密的事情不是很多，更多的是希望通过我可以让父母真正理解他们内心真实的想法、困扰。亲子两代人成长的社会背景不同、年龄不同、社会阅历不同、语言习惯不同，我就像一位翻译，将彼此的心声用对方能听懂的语言表述清楚。

一些来访者或者家属在网上了解催眠特别神奇，比如不爱学习的学生经过催眠就如饥似渴地学习了；不爱父母的孩子经过催眠就给父母泡脚了……这些都是推销催眠课程的广告，不要当真。日常咨询中，我做催眠特别慎重，只有当来访者和我都在现实层面找不到引发负性情绪的原因时，征得来访者及其监护人的同意，才会进行催眠，并且在催眠中只要找到问题的原因我就会快速唤醒来访者。催眠的风险一方面来自咨询师的价值观和道德感，来访者不是特别了解咨询师的话，一定不要做催眠。姑且不说咨询师将不符合社会主流的理念植入来访者的潜意识，就是来访者和咨询师的价值观不同，如果在交流中发现这一点，来访者可以和咨询师讨论，也可以保留自己的观点，而一旦进入催眠状态，来访者就被动了，无力分辨，更无力抗争，只能碎片化地接受，造成来访者思维的混乱。另一方面来自咨询师的催眠技术，进入潜意识超出他的想象，催眠失控，给来访者造成伤害，严重的会精神分裂。

青春期的孩子会遇到许多成长中的困难，比如人际关系不好、失恋等问题，他们会盲目归因于外在形象，一些孩子就打起了整容的念头，父母越是反对，他们就越执念于整容。成年人都清楚，孩子如果不改变与人互动的方式，提高情绪管理，就算整容了也于事无补，到那时孩子会更加自卑。我给这种孩子咨询时会开阔他们的视野，帮助他们建立自信心，提高自我认同，指导他们如何与同学、老师交往。当现实生活幸福感提高了，他们便再也不考虑整容的事情了。

刘雯进入黑色区域，我已经帮不了她了，需要终身靠药物控制，我给她父母咨询的目标是帮助他们心理调节，避免因为与精神分裂的孩子相处引发他们的心理不健康。同时指导他们用更科学、更人性化的方式应对刘雯的各种过激行为。

选择咨询师一定要有双慧眼，尤其父母为孩子选择咨询师时，一定要在咨询师与孩子见面之前充分沟通和交流，全面了解咨询师的价值观和人生观，一定选择和主流文化价值趋同的，不然把孩子交给一位反人伦、反社会的所谓的“咨询师”后，后果不堪设想。

咨询师对自己的看法和感受会充分反映到他对别人的看法和感受上。同样，他对别人的看法和感受也反映在他对自己的看法和感受上。

咨询师是来访者行为的典范——

热爱学习的咨询师能感染来访者努力学习；

善待来访者的咨询师就会帮助来访者不断改善其人际交往的思维方式，并不断提高他们人际交往的技术；

对生活充满希望的咨询师就会唤起来访者对生活的激情。

在现实生活中很多人并不知道有心理咨询师这个职业，所以只要持续心理状态不好就直接去医院心理科吃药了。

二、心理医生：服务于深灰色区域的心理疾病患者。

如果浅灰色区域的人长时间没有得到心理咨询，会发展进入深灰色区域，严重影响现实生活。他们要到综合医院的心理科就诊，心理医生会诊断病人心理疾病的类型，给予其对症的药物治疗，消除或减轻其心理上的痛苦与压抑，帮助其控制或摆脱变态的行为，正常地生活。日常咨询中，我经常为已经办理休学的学生进行修复性心理咨询。他们因为各种原因无法到校上学，心理医生诊断为心理疾患后，建议休学。从短期来看，这种暂时与压力源隔离的做法没有问题，但这种选择忽略了休学会让学生的作息时间发现变化，极有可能形成网络依赖，是否还能回归学校不得而知；就算复学，所承受的压力也会加倍增加，在一定程度上休学约等于辍学。

心理疾病需要终身服药？如果在服药期间坚持心理咨询，找到引发心理疾病的不合理理念并修正过来，就可以逐渐减药直到停药。但如果理念不改善，只要停药，症状就会再次出现。

三、精神科医生：服务于黑色区域的精神病患者。

精神专科医院的精神科医生为精神病患者提供治疗，精神病是终身疾病，只有发作与不发作，没有痊愈，并有很大的家族遗传性。如果家族中有精神病患者，父母一定要调整对孩子的期待，如果有条件选择一位私人心理师，指导父母制定一套适合孩子的教养方式，并缓解父母心理压力，提高情绪管理和沟通能力，给孩子科学的陪伴。孩子凡是遇到情绪波动就马上和咨询师进行交流，让自己始终保持积极、健康的心理状态，提高心理健康的免疫力。我陪伴了十几位有家族遗传史的朋友近20年，他们不但没有任何心理问题，反而成为人群中心理调节能力超强的人，事业有成，生活幸福。

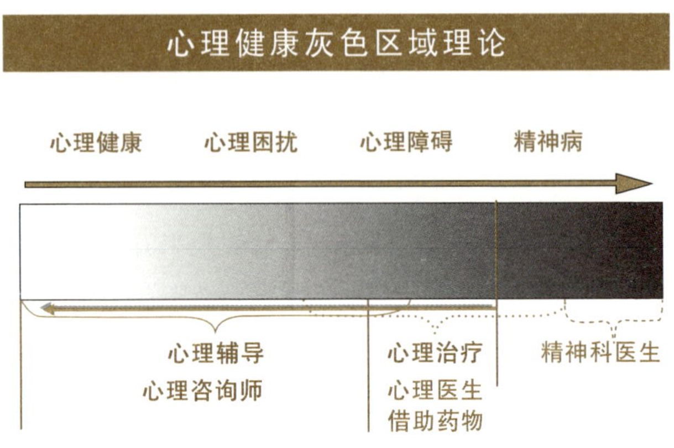

图 2-7-2

我们再看看心理的灰色区域图，上面的箭头是患病过程，下面的箭头是痊愈过程，我特意画了一条线，将部分深灰色和全部黑色区域画在外面了，他们属于终身疾病，只有犯病与不犯病之分，没有痊愈的可能了。

呵护自己和家人的心理健康多么重要呀，遇到心理困扰先找心理咨询师，有职业操守的心理咨询师会进行判断，如果已经进入了深灰色或黑色区域，就超出了心理咨询师的服务范围，咨询师应马上将患者转介到相应的医疗机构就诊。

了解心理咨询师这个职业

心理咨询师是一个新兴行业，社会公众对心理咨询师充满了好奇。有人说学心理学的都神神道道；有人说心理咨询师最容易得心理疾患；也有人说心理咨询师可以拨云见日，带领来访者走出迷茫；而心理咨询师培训机构广告里则说心理咨询师是一本万利的职业，花几千元参加培训，考下资格证，就可以从事每小时几百元的高收入职业。那么心理咨询师到底是什么样的呢？下面介绍一下心理咨询师专业成长的四个阶段。

第一阶段："救世主"阶段

掌握心理咨询理论和我们掌握其他技能一样，刚刚掌握一点点时特别渴望多多实践，无论什么场合都会为周围人做心理分析。与人交流时经常使用一些自己都一知半解的心理学术语，"你内心肯定有痛点""你的老虎人格出来了"……

"学心理学的人神神道道"说的就是这个阶段的咨询师。

此时的咨询地点可能是快餐店、马路边、甚至是来访者的家中，目前各大城市有了专门提供给咨询师租用的"咨询室"。咨询时间全天 24 小时，随叫随到。这种既缺乏专业性更缺乏科学性的咨询非常可能伤害到来访者，也会危害到咨询师本人的职业生涯，甚至是心理健康。

职业咨询师是不会“出诊”的

一位姑娘因为失恋将自己关在房间里不出来，父母希望咨询师入户辅导，正规机构的心理咨询师是不会“出诊”的，一位刚刚考下心理咨询师证书的人主动请缨，来到小姑娘家，以高度的主人翁意识投入到营救工作之中。为了避免小姑娘自杀，咨询师整夜陪伴……第三天，咨询师实在太困了，就在她打盹的间隙，小姑娘跳楼身亡……

幸好姑娘的父母没有追究这位咨询师的刑事责任，但这位咨询师自己却陷入了深度自责和内疚之中，找我接受心理督导时已经被诊断为重症抑郁症。

初学者有做咨询的热情，却很少获得咨询的机会，所以他们会抓住一切机会做咨询。既对自己的能力缺乏准确的定位，又对问题难度缺乏客观的判断，处于“既不知己又不知彼”的状态，经常是好心办坏事。

第二阶段：“垃圾筒”阶段

因为第一阶段做得过猛了，很快就会进入“垃圾筒”阶段。

寻求心理咨询的人多是深陷负性情绪无法自拔，咨询中将咨询师裹挟进负性情绪之中，如果咨询师不具备自我保护意识，不能甄别哪些来访者是自己根本无力触碰的，由此引爆自己的“痛点”。也有一些来访者是希望得到人生引领，如果咨询师缺乏足够的社会阅历，就难以给予来访者帮助。我在给咨询师培训时常说：“年收入 10 万的人难以给年收入 100 万的人提供心理咨询，因为咨询师难以想见这个收入群体的人内心的感受和生活的样态，这种咨询会激活咨询师内在的焦虑和痛苦。”

“学心理学的人容易得心理疾病”，说的就是这个阶段的咨询师。

这个阶段的咨询师会焦虑、情绪不稳定、有强烈的无力感，或经常和来访者发生对峙。

1993 年我刚开始学心理学时，有一位王老师的经历很具有代表性。

王老师掌握了一些心理辅导理论之后热情奔放，希望帮助更多的学生，她深入到每个教学班打听哪位学生最近情绪低落，她就带着巧克力、文具邀请学生找她做咨询，王老师起早贪黑……平均每天做 5 个咨询。

那个年代学校还分配住房，王老师排名靠前，却没有分给她，她找校长评理，校长说：“王老师应该是心理调节的楷模呀。如果为分房就情绪失控，大家怎么相信您可以帮助有情绪问题的学生呢？”王老师不但表示不再要房，还恳求校长不要将她找校长这件事说出去以保全自己的专业形象……

后来她患了抑郁症住院治疗了。

第三阶段：职业咨询师阶段

“垃圾筒”阶段的咨询师能够得到督导师的帮助，不但心理咨询的理论在实践中得到升华，而且还能将理论应用到自己心理状态的调整上，进入职业化阶段。

此时的咨询地点会在环境安全、陈设优雅的心理咨询机构，咨询需要提前预约。工作人员会在预约咨询时对来访者的情况有比较完整的了解，根据来访者的情况，安排适合的咨询师。

职业化咨询师对自己能够做什么和不能做什么非常清楚，他们会在第一次面谈时慎重判断，选择适合自己的来访者，将自己无法帮助的来访者妥善转介给其他的咨询师。

咨询师在情绪、情感方面有效地将自己和来访者做以隔离，不会卷入负性情绪之中，他们会定期接受督导师的指引。

第四阶段：人生导师阶段

不是每个咨询师都能进入这个阶段。

达到人生导师阶段的咨询师需要具有卓越的学习能力，他们将自己所拥有的各类知识有机地整合为完整的知识系统。此时扎实的心理咨询理论仅仅占其知识结构的 20%，其他 80% 是敏锐的社会感知力、多元的人际交往、现实生活中的成功体验，丰富的人生阅历等。他们不仅能够洞悉来访者的内心，而且还能给来访者个性化的人生规划和引领。

微信扫一扫
二维码收听

微信扫一扫
二维码收听

善于情绪管理的父母最高级

丽珊幸福心理指出：缺乏情绪管理的人在给周围人制造压力的同时，也被群体排斥，逐渐丧失话语权，成为心理上的弱势群体。2020 年的宅家抗疫让一些家庭享受着高品质的共处时光，也让一部分家庭平时暗涌的负面情绪大爆发，疫情过后青少年出现心理问题呈井喷状态；一些缺乏情绪管理的父母乱发脾气后又陷入深度自责，作为补偿或是给孩子道歉，或是满足孩子的各种物质需求，逐渐丧失在孩子心目中的权威感。孩子的挑战长辈“症状获益”，回归学校后成为影响公共秩序的人。

你知道负性情绪的来源吗

你是否有过这样的感受，和某人初次见面，事先你没有对方的任何背景资料，但会莫名地产生各种情绪感受，其中有两种比较极端：一是有莫名的亲切感，希望与其交流；一是有排斥感，希望离对方越远越好。为什么会出现这种情况呢？精神分析流派的“人的内在冰山”[①]帮助你揭示谜底。

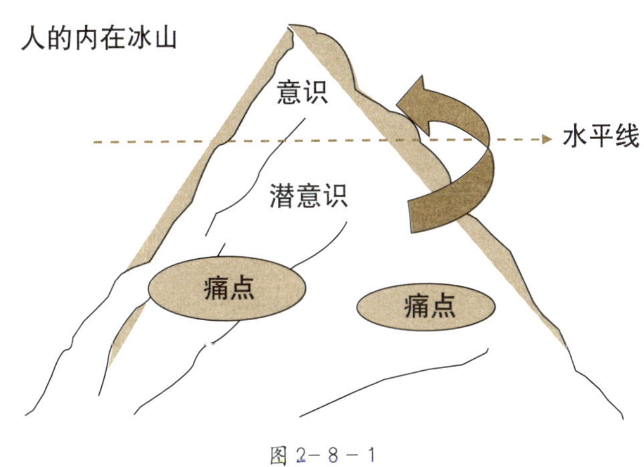

图 2－8－1

① 内在冰山：来自于精神分析流派，是萨提亚家庭治疗中的重要理论。指一个人的“自我”就像一座冰山一样，露在水平线以上的意识，也就是我们能够意识的事情，但非常少，只能是冰山一角；而冰山的主体在水平线以下，是潜意识，我们意识不到却客观存在并左右着我们的情绪。

如图，我们看到一座冰山，水平线以上是意识，是我们能够意识到的事物，但非常遗憾所占比例很小，只是冰山一角；水平线以下是潜意识，尽管我们意识不到却客观存在并左右着我们的情绪。

日常生活中，我们平时比较温和，但遇到某种特定情境就会暴怒，完全不能自控，极大地破坏了自己的公众形象，事后又后悔。但如果不加以处理，下次遇到同类问题，依然会怒不可遏。哪个情境点燃了潜意识中的痛点？痛点是如何形成的呢？通过近10000个心理咨询案例，我对“痛点”的形成进行了归纳和总结，主要有以下四个方面：

一、母亲的子宫

胎儿在母亲子宫里接收到的负性信息会形成痛点，比如有的孕妇在怀孕期间受到惊吓，孩子出生后会比较胆小，或遇到同类事情就会表现出惊恐；再比如怀孕期间，父母对孩子不欢迎，孩子的潜意识中形成“被抛弃”感。

怀孕期间看恐怖片，孩子胆小易惊恐

小明是重点小学一年级的男生，开学不久，他在课上大哭，问老师：“我妈妈会不会不来接我，抛弃我呀？”老师用了将近一节课的时间耐心地安抚他。过了几天，他又在课上大哭，满地打滚，问老师：“我会不会被人贩子弄走呀？他们会不会挖我的眼珠，摘我的肾呀？”他的话让师生都陷入恐惧之中……影响了课堂教

学。学校鉴于孩子的心智发育程度，建议母亲让他先上一年学前班。为此母亲带孩子找我咨询。

母亲胆子比较大，喜欢看恐怖片，怀孕六个月单位放假，她在家把喜欢的恐怖片看了一遍。科学表明胎儿从 21 周就和母亲的情绪连接了。母亲享受惊悚的刺激，而孩子则只存留恐惧。

怀孕期间，孕妇一定要看美好的事物，让孩子的潜意识更加明快、正向。

二、0~3 岁的情感体验

幼年时代负性情绪经历没有得到充分释放而被深埋进潜意识之中，会成为痛点，有的会发展成一生都难以走出的阴影。比如产后抑郁的母亲抱着孩子掉眼泪，忧伤或烦躁的情绪会被孩子潜意识记录下来，由此产生不安感。

我为很多患有产后抑郁的女士提供过心理支持，根据实际情况建议她们：(1）停止母乳喂养。人在心情愉悦时分泌多巴胺，大脑内神经调节物质乙酰胆碱分泌增多，血液通畅，皮下血管扩张，血流通向皮肤，使人容光焕发，给人一种精神抖擞、神采奕奕、充满自信的感觉。相反，当人过度紧张、情绪低落时，则会分泌毒素，通过体液排出身外，哺乳期女性的乳液也是毒素排出体外的通路。由此降低孩子的免疫力。(2）避免与孩子面对面交流。孩子与周围成年人是通过表情达成互动的，患有产后抑郁的母亲面色阴郁，以泪洗面，传递给孩子负面情绪，孩子会呈现敏感、心思重、郁郁寡欢的特点。产后抑郁产妇的家人要承担陪伴和照顾婴儿的工作，在理解、体谅和关心产妇的同时，借助心理咨询科学帮助产妇，使其尽快走出阴霾。

让“狠人”父亲胆战心惊的5岁男童

秦柯5岁的儿子总是恶狠狠地看着奶奶和爸爸，叫嚣要杀了他们。秦柯是个“狠人”，初中没毕业就混社会、犯罪、坐牢、出狱、创业，40岁坐拥庞大资产，他成为远近闻名的钻石王老五。一位混社会的女子投怀送抱，怀孕后要求巨额彩礼……秦柯虽娶了她但极端厌恶她，要求她堕胎，骂她、打她……女子心存仇恨保住孩子，希望有一天母以子贵……孩子出生后秦柯把女子彻底打出家门，奶奶一手把孩子带大，总是和他说他母亲有多么的坏……孩子从小没有见过母亲，但他却特别恨奶奶和父亲，脾气暴躁，无端发火，摔砸东西……他的目光让秦柯心惊胆战，于是来到我的咨询室。

孩子母亲怀孕期间内心的不安、惊恐和仇恨都传递给了孩子，年幼的孩子内心认同母亲，缺乏母亲陪伴，难以建立母婴依恋，让孩子严重缺乏安全感，这类孩子都会出现反社会行为。用生孩子来达成自己对婚姻的诉求对孩子来讲是残忍的，因为孩子无法承担维护婚姻之重。

三、成长中的负性情绪郁结

中国崇尚忍字文化，我们将一些负性情绪压抑下去，比如男儿有泪不轻弹让一些男士从小就压抑着自己的负面情绪，形成一个个痛点。痛点像是火药库，一旦遇到类似情景，火药库就会被点燃，引发强烈的情绪反应。每次痛点的引爆都会造成现实层面的危机或损失，放大痛点，意味着未来被点燃的概率就会增多。我们常常见到“沾火就着”的人就是内在痛点太多。有的则会直接影响人格的健全发展。

不敢与儿子面对面的女强人

王佳文是某国企天津分公司的总经理，她在接待总公司检查团时一再反驳副总裁指出的不足，气氛紧张，她控制不住情绪拍案而起，一句“我就知道无论我怎么付出，你们都不会买单的”后便摔门走掉。咨询中我帮助她找到痛点，因为前夫外遇，孩子 1 岁时王佳文离婚了。因为工作压力大，总把负性情绪带回家，训斥孩子。孩子进入青春期对母亲产生强烈的逆反……母子无法沟通。王佳文每天都不愿意回家，担心自己和孩子之间爆发战争，儿子一旦采取过激行为后果不堪设想；可不回家，她又不放心孩子在家做什么，这种压力在家里得不到释放，领导批评的态度击中了她的痛点，直接造成职业危机……

我们每个人都应及时发现自己的痛点，并彻底消除掉，常给自己的心灵洗洗澡。

四、内在誓言

“你记得的事情对你影响大，还是不记得的事情对你的影响大？”其实我们从小成长过程中已经忘记的事情对自己的影响更大。在我们成长过程中所经历一个个那些强烈的经验感受（尤其是痛苦的经验），激发了人们内心深处的信念和期望，对人们的价值观和世界观形成了一种预示。它决定了什么会让我们在意、恐惧和焦虑。在事情与情绪表达之间产生内在誓言。这个内在誓言多数在我们的潜意识之中，有的与原生家庭有关，也有的和成长经历有关。内在誓言一旦形成反过来又会影响我们解释和定义自己的各种经历。比如父母不会理财，月光族，经常引发一些尴尬或错失机会。孩子从小就体验到不会理财给人带来的拮据感，他们的内在誓言往往是努力赚钱并紧紧攥在手里，长大后有可能是理财高手，也可能是极度吝啬。内在誓言没有好坏对错之分，它曾在人生某一阶段保护了我们，但当人生的环境发生改变后，过去保护过我们的行为在新的环境里反而变成了阻碍。

没有常性的人被人瞧不起

莹雪厌学达到了极致，呆若木鸡地坐在考场上一个字都不写，监考老师提醒她拿起笔，老师一转身她就又放下……从小到大妈妈韩梅无时无刻不在催她干这干那，甚至上厕所韩梅都堵在门口催。韩梅是个精明人，但工作 18 年一直做库管，干黄了好几个公司，依然固执地做着库管。在莹雪心目中妈妈工作上不思进取，收入微薄，把所有的精气神都用在逼自己学习上。韩梅出生在农村，高中毕业的父亲算是很高学历了，他的同学在当地都是掌握实权的，当老师的熬成了校长；当会计的熬成了局长，而一直渴望做生意的他却一事无成。韩梅初一的时候听到别人议论她父亲“干什么都没有常性，一事无成。”韩梅的内在誓言：无论做什么都要有常性，不然就被人笑话。她的“坚持”使她考上了大专，从偏远的山区来到天津，但18年的故步自封又让她的人生处于停滞状态。

韩梅终于找到了让自己坚守的库管岗位，“安贫乐道”的内在誓言让我带领她重新认识了父亲的行为方式，修复了和父亲的情感链接。一周内报名了会计资格考试的培训班，用自己的努力来感召孩子，每天由盯着女儿学变成和女儿一起学，莹雪也开始学习了。

从习得性无助[①]到习惯性乐观[②]

如果你看到半杯水，心里会怎么想？乐观主义者会觉得还差半杯就满了，而悲观主义者则想还有半杯就没了。一个女孩告诉我，如果将陪伴她成长所需要的时间和爱心假设为100%，母亲付出了85%，父亲仅付出了15%，但她内心爱父亲会更多一点。为什么呢？她给我举了一个例子，假设自驾去旅行，突然发现汽车的油箱里仅仅剩一升汽油了，父亲的心情完全不被影响，依然优哉游哉地开车，和女儿说着笑话，欣赏着沿途的风景，遇到美景还会招呼孩子下车拍照、玩耍……而母亲则会变得焦躁，埋怨或

---

① 习得性无助：当人类和动物意识到自己无法控制周围的环境或可能发生在自己身上的事，就以一种消极无助的方式去思考、感受或行动。这种现象之所以被称为习得性无助，是因为这种感觉不是先天的，而是在不断遭受挫败，感到自己对一切都无能为力之后从而丧失信心，陷入一种无助的心理状态。由此产生绝望、抑郁和意志消沉等，是许多心理和行为问题产生的根源。

② 习惯性乐观：逆境的出现是客观的，是不以人的意志为转移的，但对逆境的解释却是因人而异的。乐观的人有强烈的解决问题的意愿，根据以往的经验，制定切实可行的解决方案，并积极地付诸行动。每一次逆袭的成功无疑又增强了他们的信念，循环论证，我不怕困难，我可以解决困难。温和管教的父母在孩子童年时代帮助其建立对世界比较乐观的解释系统，陪伴孩子不断挖掘潜能，增加成功体验。

自责为什么不提前看好油箱里的油？她要搜索附近的加油站，对沿途的景色完全丧失了兴趣，如果此时孩子说想下车拍照，母亲则会认为孩子太不懂事了，完全看不出状况，甚至会引爆负性情绪……父亲是乐观主义者，母亲是悲观主义者，给孩子带来的内心感受是完全不一样的。我非常感激这个女孩，她其实道出了许多家庭的现状，母亲付出得多却在孩子那里并没有得到相应的认同，甚至孩子到了青春期，母亲完全带不动了，要将教育孩子的任务全部移交给从没插手孩子教育的父亲。悲观的人像阴云密布，把周围的人也带入了阴郁、无力、压抑的情景之中；乐观的人像四月天，把周围的人带入到明快、有希望、会更好的情景之中。我经常跟来访者说，人人都是向阳花，就像植物奔着阳光方向生长一样，我们要尽力走出悲观，不要将自己的悲观无节制地传递给周围人。为人父母要想给孩子温和的管教，助推孩子成长的话，就要下定决心走出习得性无助，构建习得性乐观，给孩子营造向上的成长环境。

一、习得性无助

美国著名心理学家、积极心理学的创始人马丁·赛利格曼于1967年用狗做了一项经典实验，起初把狗关在笼子里，只要蜂音器一响，就对狗进行难受的电击，反复实验几次之后，蜂音器一响，在电击之前，先把笼门打开，狗可以逃生了，但它非但不逃，而是不等电击开始就先倒在地上，绝望地等待痛苦的来临。这种遭受多次痛苦之后，放弃努力就是习得性无助。

类似的实验在大象身上也做过。训练师用一根绳子将幼年大象的一条腿拴在一个杆子上，大象在开始数小时甚至数天之内试图挣断绳子，但最终发现无力挣脱，就放弃挣扎，乖乖地待在狭小的活动范围之内。大象长大可以轻而易举地挣断绳子，但它却从未尝试过挣脱。

当人类和动物意识到自己无法控制周围的环境或可能发生在自己身上的事，就以一种消极无助的方式去思考、感受或行动。这种现象之所以被称为习得性无助，是因为这种感觉不是先天的，而是在不断遭受挫败，感到自己对一切都无能为力之后从而丧失信心，陷入一种无助的心理状态。由此产生绝望、抑郁和意志消沉成为许多心理和行为问题产生的根源。

在日常的心理咨询中，一些父母盲目地将孩子送到重点学校、尖子班，希望孩子享受好的教育资源，但忽略了孩子的学习能力和心理调节水平，拔苗助长后造成孩子厌学甚至辍学的现象。在尖子班里无论如何努力成绩都无法提高，上课时像个局外人，看着一些同学和老师呼应，飞快地做题……自己却听不懂，参与不进去；晚上回家看着完全读不懂的题，只能在一些教辅的 APP 上找答案，照猫画虎地写上。几次落败的成绩会让孩子认定自己是无法学会的，在学习上投入的努力会越来越少，成绩会越来越差，学习动机进一步降低，这种恶性循环造成学生对某一学科失去学习兴趣，出现厌学情绪。如果不能得到及时的心理支持和学习方法的改善，这种无助感会泛化到其他学科，进而造成失败的自我形象。长此以往就会形成对学习的习得性无助了。习得性无助的关键与归因模式正相关。

二、归因是关键

我在第一讲就将归因的概念讲给大家了。归因是人们对自己或他人活动及其结果的原因所做的解释和评价。简单分为向内归因和向外归因。一个人在解释问题与挫折时所采取的归因方式不同，心情就不一样。乐观的人将积极事件的归因为持久的、普遍的和个人的努力；而对消极事情归因为短暂的、具体的和外在的。悲观的人对积极事件的归因为短暂的、具体的和外在的；而对消极事情归因为持久的、普遍的和个人的努力。一些抑郁症患者常说“我这辈子就不可能遇到好事情”“我知道无论怎么努力，我就不会收获好的结果”。同样的一件事，在不同的人那里，由于归因方式不同，出现的情绪反应就不同。

对生活中出现的挫折如何归因是关键，它决定了人的情绪色彩和事情发展的走向。被老师批评了，要意识到这只是自己某件具体的事没有做好，不代表整个人的失败。遇到态度不好的服务员，要意识到可能只是他累了，而不是专门给你脸色看。在咨询中有的来访者告诉我，人就是势利眼，他走到哪里都会被刁难。

你被“连动性不安”了吗？

一位经理早上被妻子骂了一通，带着负性情绪到了单位，恰好一位员工工作出现了纰漏，如果在平时让他回去弄好就可以了，但这天经理声嘶力竭地骂了员工。员工觉得自己人生太艰难，忍了一天，回家就和妻子吵架，妻子又在辅导孩子学习时骂孩子不用心，孩子踢猫……这就是连动性不安的链条，可怜的猫哪里知道自己的厄运来自系统以外的经理的老婆？学会对别人情绪的察言观色尤为重要，如果发现对方处于负面情绪，我们就尽量避免与他交流。

我在心理课上告诉学生们，假如早上你发现同桌表情阴郁，千万不要认为他是跟你闹别扭，而应意识到他心情不好，为了避免被裹挟进连动性不安链条，你既不要追问他为什么不高兴，也不要太过兴奋，更不要和周围同学大呼小叫，而是静静地待着，尽量不打扰他，估计到中午他就会自我缓解一些，跟你说说他的烦心事了。

三、习得性乐观

心理学家塞利格曼的研究方向是抑郁症和习得性无助，而让他转向研究习得性乐观还有一件趣事。在他女儿5岁时，他在花园里除草，女儿在旁边乱蹦乱跳，这让他很不耐烦，忍不住对女儿大发脾气。女儿对他说："从3岁开始我每天都抱怨，现在我5岁了，我决定不再抱怨了，这对我来说很难，如果我停止抱怨，你能停止发脾气吗？"这件事极大地触动了塞利格曼，他认为自己在过去的50年中，一直是一个抱怨者，从那一刻他决定改变自己，进而转向研究习得性乐观了。在现实生活中，有的时候孩子会对父母的人生产生巨大的影响。那么如何习得性乐观呢？

1. 珍惜自己所拥有的，关注美好积极的事情。我的一些来访者专门找自己没有的，比如老公特别愿意照顾家，对妻子、孩子知冷知热，妻子视而不见，抱怨他没有事业心，经济收入少；有的老公每天奔忙辛苦地赚钱，无暇顾及家庭，妻子无视老公的辛苦，阴沉着脸说自己并不在意物质，他只是满足自己的虚荣心，而妻子只希望有一个知冷知热、守在家人身边的老公……这样的思维方式，不但自己与幸福绝缘，还会恶化家庭气氛。

我在咨询中会建议她们，每天早上醒来，躺到床上，先想想自己拥有的好事情，“老公做的饭菜很可口，避免我吸入油烟”“老公承受压力赚钱，让我们母子衣食无忧。”这就是懂得感恩，珍惜自己所拥有的，并且将自己的这种思维方式讲给孩子，潜移默化地教会孩子如何感恩。为什么现在有那么多的孩子不懂得感恩？父母没有做到言传身教。

2. 试着写出自己的优点，自己获得的称赞，挖掘自己擅长的，而不是一味盯着自己的缺点。

青春期最大的人生课题就是回答“我是谁”这个问题，只要做到全面了解自己的优点、缺点，才能接纳自我，成为自己情绪的主人。我在咨询中经常遇到一些玻璃心的成年人，他们的情绪经常被别人左右，就是“我是谁”没有回答充分，为了彻底帮助他们，我会请他们认真地完成“我是谁”这个作业，将青春期遗落的心灵成长内容补上。

在婚姻治疗中，我发现引发双方情感问题的原因是各自成长不充分，我也会让他们回答“我是谁”，并且增加一项与对方相关的内容，比如“我老公工作很辛苦，我衣食无忧。”“我老公把家务都做了，我的手保养得很白皙”。在后续的咨询中，当着我的面念出来，对方意识到自己的付出被认同了，增进了双方的情感互动。这就是为什么许多接受我婚姻治疗的夫妻都表示收获了前所未有的幸福感。我作为一个向导，给他们指明方向和方法，他们努力付出，收获了幸福。

3. 向乐观积极的人学习，尽力回避负性情绪太重的人。

松下幸之助在招聘时最后一个问题是固定的，“你觉得自己是幸运的吗？”这是对信念的考察。逆境的出现是客观的，是不以人的意志为转移的，但对逆境的解释却是因人而异的。悲观的人只看到不好的，循环论证自己就是最倒霉的那个人。而乐观的人则会根据以往的经验，全力以赴地解决，增加了逆袭的可能性。信念的解释体系不同，方法论就不一样。习得性无助的人就地坐下，不再努力，既然所有的努力都无效，那就被动等待厄运继续吧；而乐观的人则会有强烈的解决问题的意愿，并积极地付诸行动，当然成功就会朝他们招手。

最好的父母是在孩子童年时代帮助其建立对世界比较乐观的解释系统，不要给孩子贴上负面标签，尤其不要用全称性负性判断，而是就事论事。

老公建议妻子给孩子传递正能量

夫妻俩是研究生同学，37岁，性格互补，有深厚的感情基础，两个孩子，老大二年级，老二5岁。妻子天然悲观、谨小慎微，科级公务员；老公生性乐观，善于人际交往，处级领导。妻子经常跟孩子说一定要努力，她是985大学的研究生，每天工作压力大，人际关系复杂，以此激发孩子的学习动机。老公认为妻子的做法容易让孩子觉得社会可怕，不但不会努力学习，反而会对长大充满了恐惧，进而变得悲观厌世。老公跟孩子说，他一个十八线城市的青年因为考入北京的著名大学，靠自己的努力和奋斗，19年间，在北京有了事业、房子和车子，娶了漂亮贤惠的妻子，生了两个可爱的宝宝，他对生活充满了感恩。妻子认为老公是夸夸其谈，不跟孩子说自己的艰辛，会让孩子觉得一切都可以轻易取得。两个人为了达到教子理念一致特意到天津找我咨询。

我特别欣赏这对夫妻，在培养孩子的问题上，具有前瞻性，遇到教育思路不一致就马上寻求心理专家的辅导。他们认为孩子的成长就像在白纸上写字，争取一次写好，涂涂改改不但浪费时间，还难以达到最好的效果。父亲的乐观主义会将孩子培养成习得性乐观，他强调通过个人的努力才获得这些，并不是不劳而获，这样能给孩子最有力的助推。

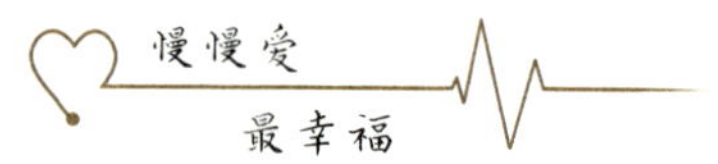

我们都可以成为情绪管理高手

美国心理学家艾利斯创建的合理情绪化疗法，也叫 ABC 理论，不仅将情绪发生的流程呈现给我们，而且还给我们提供了明确的改善路径，只要认真学习反复训练，我们都可以通过自助的方法提升情绪管理能力。

为什么同一事件在不同人的身上引发不同的情绪和行为？这说明影响情绪的不是事物本身，而是我们的理念。

A（activating events）代表诱发事件；C（consequences）代表在 A 发生后个体出现的认知、情绪和行为。真正影响我们情绪的是 B（beliefs），代表认知、信念、评价和看法。

举个例子：你正忙着准备第二天区级观摩课所要使用的课件，电脑却在这时出了毛病。你向精通电脑的李老师求助，他却说："对不起，我今天没时间，你找别人吧。"这时你会怎么想？

想法一：我没职没权，没人愿意帮我。

想法二：这人真自私。

想法三：他不希望我的公开课成功，害怕我超过他。

想法四：也许他有急事，是不是……

与此想法相对的情绪和行为是什么呢？

情绪一：悲哀，自怜。

行为一：默默离去，不再向他人求助。

情绪二：失望，冷静。

行为二：人与人之间很难达成相互帮助，我认清了人生真相。

情绪三：愤怒。

行为三：“哼！”一脸不屑。

情绪四：关注，关心。

行为四：“需要我帮忙吗？”

请对号入座，你属于哪种思维模式？请正确使用归因理论来回答以下的问题。

一、找到问题的症结

1. 为什么我习惯于这样想问题？（我也不想如此悲观，可我无法改变自己）

2. 为什么别人不理解我的想法？

3. 为什么人们对同一件事的解释会如此不同？

4. 我今后只能一直这样看问题吗？

5. 如果我想改变，现在还来得及吗？

6. 我该如何改变？

7. 为什么我习惯于这样想问题？

二、将不合理理念转换为合理的理念

我们知道了不是事件本身导致行为，而是理念导致行为，合理的理念引导正向的情绪和合理的行为，不合理的理念引发不合理的情绪和行为。

1. 不合理的理念具有三个显著特征

（1）绝对化的要求："应该……""必须……"

（2）以偏概全："（谁）总是……"，人和事不能分开。

（3）糟糕至极："考不上大学这辈子就彻底没有出头之日了。"

下面是十一条不合理信念，你看看自己符合几条？再看看应该如何转变成为合理信念。

2. 十一条不合理信念

（1）我们应该得到每一位对自己重要的人的喜爱和赞许。

（2）我们应该非常有能力，在各方面都有价值，这样我们才能有成就。

（3）有些人是卑鄙的、丑恶的，他们应该受到严厉的指责和惩罚。

（4）如果事情非己所愿，那将是糟糕可怕的。

（5）不幸福、不愉快是由外界环境造成的，我们无能为力。

（6）逃避困难、挑战和责任，要比面对它们容易些。

（7）因为危险的、可怕的事情随时随地都可能发生，所以我们要时时刻刻加以警惕。

（8）我们必须依靠他人，应该有一个比自己强大的人做依靠。

（9）过去的经历决定和影响着当前的行为，而且这种影响永远存在。

（10）我们应该为别人遇到的难题困扰而紧张烦恼。

（11）碰到每一个问题，我们应该有一个正确完善的解决方法，若找不到答案，会痛苦一生。

你有几条符合呢？如果超过 6 条，你要高度重视了，建议你收听我在喜马拉雅的“张丽珊幸福心理”和“张丽珊：幸福妈妈情商课”两个专栏的音频节目，如果能够通过学习自我改善最好，如果不行，最好尽快和心理咨询师面对面交流。

3. 十一条合理的信念

（1）无论别人怎样看待我们，我们都是有价值的。

（2）我们尽全力去做事情，若失败，只能说明这件事失败了，我们依然是有价值的。

（3）一个人做错事，并不等于他就是一个坏人。

（4）人生很难事事如愿，我们尽力争取，若不能则接受现实。

（5）情绪是由我们对事件的知觉、态度和评价产生的，是可以改变和控制的。

（6）承担责任、面对困难比逃避困难更不容易做到，但有必要去做。

（7）我们要设法避免那些可能发生的危险事情，如无法避免，则应设法减轻其后果。

（8）我们应该独立并勇于承担责任，但并不拒绝别人的帮助。

（9）过去的经验是重要的，但产生经验的条件与现在的情况并不是一致的，过去的经验对现在的影响是有限的。

（10）我们尽力帮助那些遇到困难的人，若无效，也应该接受现实。

（11）我们努力寻找解决问题的可行方法，而不苛求那些不存在的绝对完善的方法。

在日常的心理咨询中，我帮助来访者发现自己的不合理理念的过程对于他们来讲是极其痛苦的，是需要勇气的，有的来访者甚至想过暂停咨询。但渴望获得幸福的信念和对我的信任，让他们坚持咨询，并在我的带领下，用合理的理念去驳斥旧的不合理的理念，慢慢地情绪和周围的环境就会朝着积极的方向转变，他们就会更加坚定地放弃旧的理念，收获全新的人生体验了。

我每年应邀到全国各地做50~80场家长学校的讲座，许多学员会在朋友圈里分享学习的感受。

我要成为善解人意的母亲

这次的讲座真的太有价值了！有好几次回想自己的青少年时代都哽咽了。特别感谢学校让我们有机会聆听了张丽珊老师的《原生家庭给我们有涂抹了生命的底色》讲座，获益匪浅。我想从三个触动我最深的方面谈谈我的感受：

首先父母的一言一行对孩子的影响是巨大的！每个孩子刚出生时都是一张白纸，他那么纯真又那么弱小，父母就是他的全世界，他全然地依赖父母、信任父母。我们应当真正承担起养育者的责任，不能莽撞行事，说话做事一定要三思而行。万万不能把自己不健康的生活习惯、不理智的思考模式、不健全的情绪管理方式传递给孩子。一旦大错铸成，那危害的将是一个活生生的人，一个家庭，甚至还对社会造成不可弥补的伤害。

其次，丽珊老师谈到如果夫妻双方有矛盾需要沟通时，应该尽量避免在孩子面前发生争吵，不能随意地把本不应该由孩子承受的父母情感上的矛盾，过早地强压在孩子身上，甚至让孩子做仲裁者，强迫孩子站队。夫妻关系不和谐的家庭对孩子的影响将是终身的，今后他面对伴侣、面对家庭、面对同事朋友都将会出现这样那样的问题。

最后丽珊老师谈到了建立正确的亲子关系。完全放纵和完全控制都是可怕的。以我自己为例，我就是那种在家庭生活中过于强势的妈妈，总觉得自己做得好，不放手让孩子成长，生活上替代、思想上替代，剥夺了孩子自我的生命力发展，使孩子缺乏主动性，凡事愿意依赖妈妈，没有主见，这一切都是我造成的。

听了丽珊老师深入浅出、案例与理论相结合的讲解，真是给自己彻彻底底地照了回镜子，心灵上洗了回澡。以前总在抱怨老公不尽心做得少、孩子玩心重不上进，感觉全家就自己最委屈，散发浓浓的怨气。现在终于清楚了，一个好妈妈对于一个家庭、对于孩子的成长有多么重要！特别感谢丽珊老师在指出问题的同时，还传授了很多切实可行的方法，今后一定加强学习，把欠下的“债”慢慢还上！

希望通过自己不断的努力，营造一个幸福、温馨的家，陪伴孩子顺利度过人生中宝贵的青少年时光，做个温柔体贴的妈妈。

这是一位母亲在听了我的讲座后写的一篇文章。

这位母亲的感受特别具有代表性，许多小学邀请我讲座之后要求父母们写感想的做法是非常有意义的，不然当时听的时候热血澎湃，但因为没有及时总结，脑海里的印象就会慢慢淡化。在听讲座之前提出要写总结的要求，会提高父母聆听的专注度；撰写总结之前要再重温一下内容，会加强对讲座的记忆；最后写出自己的感想。这就为未来与孩子相处落实到行动中奠定了坚实的基础。如果这位母亲能够始终做到保持学习的心态、保持自我成长，给予孩子最需要的心理支持和陪伴的话，她的孩子就会是同龄人中最幸福的，她的婚姻也将会是最美满的。

微信扫一扫
二维码收听

微信扫一扫
二维码收听

微信扫一扫
二维码收听

助推，
让孩子成为可持续发展的人

丽珊幸福心理倡导助推孩子自主成长。助推理论是将2017年获得诺贝尔经济学奖的理查德·泰勒提出的助推理论即促进行为决策改变的干预方式应用到亲子互动之中。泰勒在其著作《助推：改善关于健康、财富、幸福的决策》中指出，什么是我们一生中耗时最多、最费心力的事？是做出大大小小的决策。如果将“选择架构”进行调整，对做事情的语境进行重塑的话，人们就会做出更好的选择。助推理论就是去权力化，不直截了当去解决问题，而是在明确孩子是选择的主体，父母只是推动者、帮助者的基础上，温和地帮助孩子搜集更多的资料，或者创造机会，让孩子与具有教育背景的心理专家、生涯导师进行面对面的交流，在大量资讯的支撑下，让孩子本着“趋利避害”的原则，选择最适合自己的方案。助推不仅要有方向的引导，速度的监控，还要有制动系统。

成长助力：积极的自我形象

进入青春期，孩子不断地自我追问“我是谁？我在别人的眼中是怎样的一个人？我是否有价值感？”一会儿外向开朗，侃侃而谈；一会儿内向自闭，默不作声。一会儿踌躇满志，觉得一览众山小；一会儿自艾自怜，觉得自己一无是处。这是心理自我意识的崛起。

成长的助力包括被老师和同学称赞、鼓励、爱护、肯定和重视；被父母接纳、欣赏、关心、了解和注意，那么孩子就会建立起健康正向的自我形象。成长的阻力包括被老师和同学讥笑、羞辱、孤立、忽略和贬抑；被父母放弃、责骂、虐待、误解和否定，破坏了孩子的自我形象的建立，可能一生都难以走出自卑的阴霾。

自我形象是指“我”在自己眼中的形象和看法，即人对自己的认识、感觉、态度和评价。自我形象包括身体自我形象、情绪自我形象、能力自我形象、社群自我形象和家庭自我形象五个方面。

身体自我形象

身体自我形象包括身材、容貌、体能、服饰打扮等方面。进入青春期之后，随着心理自我意识的形成，将自己置于客体的位置进行审视，容貌是自我关注的第一步，此时对自己的要求十分挑剔，因达不到自己的满意程度而产生自卑的心理很普遍。一些学生因为不满意自己的相貌而拒绝与周围人接触、交往，慢慢地成为远离人群的孤寂的人了。

漂亮妈妈，请顾及不漂亮女儿的感受

肉球是初二女生，被诊断为重度抑郁症，她的母亲是一位精明美丽的小学校长，“肉球从小就懒，没有精气神，不爱学习，成绩始终是班里倒数，她太让我失望了，从内到外一点儿都不随我。”母亲心中总有一个质疑的声音，“一个连自己女儿都教育不好的人，教育理念能好吗？教育方法能有效吗？”她逼迫、训斥孩子，对孩

子表现出失望和绝望。

这位母亲拥有强烈的成就动机，因为漂亮，从小就被父母和周围人赞美，因此，她有着强烈的自信心，“没有什么困难是我无法战胜的”是她的内在誓言，而每一次的成功更加强化了她的信念。但这种成长环境造就了她比较以自我为中心，考虑问题多从自我角度出发。孩子出生时恰是她提干的关键期，出了满月就把孩子交给老人，为了全身心工作停了母乳喂养，让老人喂奶粉和辅食，成了大胃宝宝，从小就比同龄人胖；女儿长得随父亲，不漂亮，母亲给她起的乳名就是肉球，她觉得这个昵称充满了宠溺；工作耗尽了她所有的热情和耐心，回到家累得爬不起来，脾气烦躁，从来没有耐心地辅导过孩子的学习，却经常责骂孩子“你怎么这么笨呢？”“你怎么不长记性，错了又错。”“你让我丢人现眼”“你没有自尊心吗？”“求你为了我的面子，上点心吧！”孩子没有养成良好的学习习惯，成绩差成了压倒女儿自信心的最后一根稻草，于是，女儿产生了强烈的羞耻感，觉得活着没有什么可期待的。

漂亮母亲的不漂亮女儿具有天然的挫败感，她们在羡慕母亲的同时责问老天为什么对自己不公平，让自己成为母亲身边的陪衬人。肉球母亲对待孩子的态度具有代表性，她们为女儿不随自己的美貌而遗憾，选择“自黑”来缓解内心的失落，往往给孩子起“丑娃娃”“大胖胖”等“好玩儿”的昵称，这无疑又给孩子造成了一种强烈的负面暗示，剥夺孩子的生命能量，让孩子深陷自卑之中。

漂亮母亲要有意识地培养孩子的闪光点，比如善解人意、性格温和、善于做家务、学习习惯好等等，并给予及时的鼓励，以此帮助孩子建立起自我价值感。我建议马上换掉“肉球”，给孩子起一个正向的昵称。每天发现孩子一个优点，并真诚地告诉孩子。同时帮助女儿制定减肥计划，身材管理对于孩子来讲也是一种正面教育。

我终日生活在学生之中，发现人缘儿好的绝不是长得漂亮的人，因为漂亮的人可能会自恃漂亮而以自我为中心，不考虑别人的感受，同学是不愿接受的。同学喜欢交往那些能够换位思考，替别人着想的人。培养孩子善待他人，一定会赢得同学的认同。我在耀华中学当老师30多年了，一些学生升入高中时相貌平平，但当她们升入大学再回校看我的时候，我发现她们都变得那么美了，“大学是最好的美容院”不无道理。进入大学，丰富的知识和实力使她们越发自信，相由心生，眉宇间流露出的智慧和宽容就是最好的美容。用实力装扮出自己美丽的人生吧！

情绪自我形象

情绪自我形象既包括情绪的基本倾向，比如乐观或悲观；内向或外向；积极或消沉；稳定或不稳定；又包括情绪的调控能力。情绪管理的相关内容我们在第四章已经讲了，这里只讲情绪的基本倾向。

一些心理类的书籍，断章取义说外向的人心理承受能力强、心理健康；内向的人患心理疾患的概率比较大。这句话对外向和内向的孩子都有不同程度的伤害。成年人在与外向孩子相处时往往认为他们心大脸皮厚，于是说话口无遮拦，给他们自我形象的建立带来负面的影响。与此同时，父母对内向的孩子会过度忧心忡忡，担心他们会出现心理问题，而这种担心本身就是负面暗示。

总被负性暗示怎么能自信?

初三年级的邢灵被诊断为社交恐惧症，而这一切都源自她母亲希望把她塑造成一位外向开朗的人。邢灵性格内向，从小到大，母亲带她出去，遇到人就不停催促“你快叫刘奶奶”“你快叫王叔叔”……邢灵真的不想和他们打招呼，母亲为了避免背孩子“缺家教”的锅，当众批评孩子没有礼貌。回到家进一步追问她“你说话声音小，透着没自信。说话时为什么不敢直视对方的眼睛，人家会认为你心虚”。邢灵讨厌母亲不管不顾的大嗓门，她不觉得声音小有什么问题，这让母亲觉得她强词夺理，这样如何立足社会呢？于是带孩子去见心理咨询师，心理咨询师告诉邢灵每天对着镜子大声喊“我真棒！”“我是演讲家”，这样胆子就会慢慢变大。走在外面，见人就打招呼，无论认识不认识的，熟能生巧，你就会越来越自信……

邢灵终于意识到自己不主动和人打招呼，说话声音小且不看对方眼睛是巨大的心理问题，由此陷入深度的自卑之中。每次说话前都想“我要直视对方的眼睛大声说话，不然会被认为心虚”。久而久之，与人交流时，她无法聚焦交流的内容，而是关注眼睛是否直视人家，声音是否洪亮……她的眼睛直勾勾地盯着对方，语无伦次，她明显感觉到对方用异样的目光看她，邢灵没有勇气与别人交流，周围人也不愿和她说话。而此时，母亲还在说她“和人说话是多简单的事，你怎么这样费劲呢？”

每个人都有自己与周围人互动的模式，没有好与不好之分。有的人热情开朗，有的人内敛沉稳。只要做好自己就好了。母亲认为自己的方式就是标准答案，孩子如果和母亲不一样就是有问题，就必须改正。请退回到半步之外，各美其美。

耀华中学职业生涯规划课上有一件让我印象深刻的事情。一位女生坐在第一排，总是安静地专注地听讲，从没有主动举手发过言，和周围同学的交流多是聆听或满足同学的各种请求，把自己的笔记本或笔递给对方。我们全班进行职业规划讨论时，发生了一件令我感动的事情。

我先介绍一下我的职业生涯规划课的安排，第一阶段是讲授基础知识，我给学生们讲职业规划的理论，做到知己知彼。知己包括学生测试人格类型、职业价值观、职业兴趣等；知彼包括大学、专业、课程和各种职业的岗位描述和发展走势等。学生在了解这些基础知识之后，进行职业生涯规划报告书的撰写。第二个阶段是学生实践，请同学站起来介绍自己的基本情况，讲出职业方向，阐明自己能够胜任这个职业的原因；全班同学帮助其分析是否适合这个职业，在反复练习中让学生真正学会职业规划。

这位女生第一个举起手说她的职业目标是英语老师，她充分说明自己能胜任这份职业的原因。她发言结束后，我征询同学她是否适合这份职业，很多同学举手，“丽珊老师，她特别适合做老师，她善良，愿意帮助别人”“丽珊老师，她是秀外慧中”……大家对她的五星好评超出了女生的自我预期，我问女孩：“你想过自己在同学心目中会是如此美好的形象吗？”她摇摇头，但脸上洋溢着幸福的微笑。这节充满温暖的课会让女孩未来更加自信从容，做好自己是最简单、最明智的选择。试想如果她周围的成年人终日提醒她不说话会被同学边缘，让人家觉得她不自信、不入流，她东施效颦般地大声喧哗，直视所有人，会达到这样的效果吗？

性格内向与外向各有短长，只要把握好度就可以扬长避短了。极端内向和极端外向肯定都不是好事。从统计学上说，性格是正态分布曲线，两极都只占很小一部分，大多数人是处在内外之间的某一处，或稍偏内，或稍偏外。

一、内向的心理特征

1. 内敛：内向者关注自己内在的修养、内在的状态，喜欢沉思，内省，做事深思熟虑。

2. 被动：即使想与人打交道，也很少主动，等待别人与自己打招呼。在社交场合是善于聆听的听众。

3. 敏感：能够注意到别人言行中的细微变化，敏感并具有悲观倾向，“我是不是做错了什么事？”“他是不是在针对我？”等。

二、内向的应对策略

1. 学习打招呼，遇到熟悉和善的邻居、同学、老师可以主动打招呼。

2. 学习外向者的态度和交际技巧。

3. 与内向者交往时要主动一些，争取担当组织者，体会成功的感觉。

4. 准备一些小常识、小笑话，在不知和别人谈什么时避免冷场。

5. 把你做事的经验和愉快的感受分享给大家。

6. 当别人遇到困难时，给予帮助。做一个好的听众同样可以获得友情。

三、外向的心理特征

1. 外显：外向者关注自己外在的形象、积极、具有很好的行动力。

2. 主动：主动与人打交道，在社交场合更愿意当演讲者，活跃气氛。

3. 包容：不太在意别人的言行上负向的变化。有时习惯于自我表扬。

四、外向的应对策略

1. 让语言慢于思考。每当你没有准备就要发表观点之前，先给自己叫停，想一想再决定是不是说，怎么说，避免言多语失。

2. 学会观察，在与人交往中，观察对方的情绪反应，适当调整自己的语言，避免误伤到人。

3. 培养同理心，充分给予别人表现的机会，不要过于张扬，剥夺别人表现的机会。

能力自我形象

能力自我形象的树立要靠自己不断做事情，积累经验，不断提高，不可能一蹴而就。锻炼能力不在于事大事小，只要能够积累经验就会有所收获。

许多家长希望孩子能进尖子班，却忽略了在强手如云的环境里孩子将要承受的心灵煎熬。屡战屡败，会挫败孩子的自信心，由学习上的自卑泛化到其他方面，进而产生自我否定，甚至形成习得性无助。

在我辅导的学生中，尖子班的人数比普通班的多很多。一方面说明他们的父母对孩子的心理健康更加关注，另一方面也说明他们承受着超出同龄人的心理压力。

尖子班，不仅需要学习能力，更需要自我调节能力

中考后的暑假，刘一杨一直处于忐忑之中。他中考成绩爆表，不但进入了梦寐以求的重点校，还被分到了尖子班，和全市最优秀的学生坐在一个教室里，想想都有点儿不安。他觉得，自己更

适合做“鸡头”而不是“凤尾”。

刘一杨初中在一所普通中学，他始终是年级前三名，所有老师都喜欢他，甚至纵容他。初三时，他无意把教室的暖气阀门弄开，水柱喷起，班主任气愤地追查，当得知是刘一杨时，就大事化小地说：“全班同学都注意啦，千万不要碰到暖气阀门……”他享受着各种优待、特权，心情特别放松。进了重点校尖子班，他还能拥有同样的特权吗？

他失眠了近一个月，终于鼓足勇气跟母亲说，能不能跟学校申请进入普通班？母亲断然否定了他的想法：“重点班的师资力量好，同学的学习劲头足，就算你在这个班倒数第一，妈妈也不会批评你，你不用紧张。”

开学之后，刘一杨的担心变成了现实。他原本就是文科好，不太擅长理科，上理科课时，班里一些同学和老师积极互动。他还没弄懂老师的题目，人家已经把答案说出来了。每节课，他都上得晕晕乎乎的。

他越着急越无法集中注意力，作业和考试都成了问题。期中考试，他不仅是班里倒数第一，而且在年级也是中等偏下，比入学名次下降了很多。母亲开始坐不住了，整天提醒他不要自暴自弃，知耻而后勇——说好的不关心成绩呢？

刘一杨告诉我，他累得几乎都散架了，每天早上需要用10分钟将自己重新组装，总是想着如果不去学校，不用上学了该多好……

根据刘一杨的实际情况，我和孩子、父母制定了成长计划，全面地提升他的学习方法，争取尽快融入新班级。

刘一杨善于人际交往，尽管成绩不够理想，但他在班里有不少好朋友；另外，刘一杨母亲接受心理咨询的动机很强，她不断改善与孩子的互动，给孩子积极的心理暗示。同时，刘一杨的班主任因为多年带尖子班，了解这类学生的心理特点，积极配合咨询计划。最终我们一起帮助刘一杨完成了心理适应。

“鸡头”和“凤尾”是动态的平衡，不是所有的人都可以做“鸡头”，也不是所有的人都适合做“凤尾”。

所谓“鸡头”，是指以自己的现有水平在团队里名列前茅，使学生处于自我肯定、自我满足的情绪状态，在学习上自信、敢于创新，个性外化彰显。弊端是学业上的高位会使其进取心慢慢钝化，成绩在大范围的同龄人中不占优势。

何为“凤尾”？跨越自己水平所属的群体，选择比自己高出一个或几个层次的团队。好处是在竞争氛围中强化个人的学习动机，逐渐缩短与优秀生之间的距离。如果具有良好的心理品质，勇于竞争，会激发人的潜能。弊端是由于综合实力难以满足环境对个体的要求，长期无法体会成就感，损伤自信心，有的学生因此出现心理困扰。

曾经广泛谬传“将压力转化成动力，压力大动力就大”，为此父母在帮助孩子做选择时往往希望通过高压力来激发孩子的潜能。殊不知，每个人所能承受的压力都是有一定限度的，超过了这个限度就会挑战人的心理健康水平。所谓“欲戴王冠必承其重”就是这个道理。

社群自我形象

社群自我形象顾名思义就是与周围人之间的关系，在周围人心目中的形象。包括以下四个方面：(1) 亲密度：乐于与人交往，还是孤独疏远；(2) 舒适区：是大还是小；(3) 在重要他人（如父母、老师）眼中的形象；(4) 在同学、同事眼中的形象。

青春期是不能没有朋友的年龄，缺乏人际交往会在集体中没有安全感和归属感，在我咨询的厌学甚至辍学的学生中，他们表面上的问题各种各样，但根源往往是在班级中没有朋友。

保不住第一，我的世界坍塌了

康雪馨自从高三第一次月考与肖晓薇并列第一之后，就有大势已去的感觉。她不想去学校，不想参加高考了。

康雪馨成绩特别好，自从高二进入文科班，她一直以高出第二名 20 多分的绝对优势稳居第一，但高三的第一次月考被肖晓薇追赶上了。在她的心目中，肖晓薇是班里最强劲的对手，她身材好、相貌好、脾气好、人缘儿好、头脑灵活，上课和老师的互动特别好，唯一让康雪馨感到欣慰的是自己成绩始终第一。但这次月考的并列第一就是个信号，肖晓薇启动了，第一的位置永远被剥夺了。

康雪馨觉得自己的命运特别惨。在她出生之前，父母很多年没有生育，从福利院领养了一个残疾女孩，6 年后生下她时，父母全部的精力几乎被姐姐耗尽了。父母是善良的人，他们不能舍弃可怜的没有亲生父母的残疾姐姐，因此从出生起她就一直被寄宿各处，她从小就认定自己在这个家里是多余的。上学后她发现只有学习成绩好才能博得父母的笑脸，她不顾一切地努力学习，考进重点学校重点班是她永恒的动力。

进入青春期，康雪馨也有过懵懂的爱情，但她坚决克制，恋爱会耽误时间，会影响学习，会降低名次。慢慢地她成了男生眼中的“男人婆”，就连跟她说话都被看成“自虐”。康雪馨心如止水地念书，希望考上北大，到那时父母就可以拿她的“成功”去炫耀了。

但天不遂人愿，在康雪馨看来，现在学习也抛弃了她，她不再是老师眼中的唯一，不再是同学眼中的奇迹，沦落为普通人，她不能接受自己是普通人这个事实。她鼓足勇气将自己缺少爱造成焦虑的想法讲给母亲，母亲坚决不承认自己更爱姐姐。母亲说她不能让别人戳脊梁骨，尤其生下康雪馨之后，她觉得背后有许多双眼睛盯着她，看她如何对待那个可怜的残疾孩子，所以她只能将自己亲生的孩子送去寄宿。但从内心来讲，没有一个母亲不爱自己身上掉下的肉。康雪馨觉得母亲特别虚伪，她活在别人的眼中，为了标榜自己是善良的人，不惜将女儿牺牲。

康雪馨现在脑子全乱了，听不进去老师所讲的一切内容，她对肖晓薇的声音特别敏感，只要听到人家的声音，她的心就会紧抽，肖晓薇已经成为老师和同学心目中的女神了。康雪馨觉得自己的人生华彩终结在高三的第一次月考，她决定再也不回学校了。

人生就像一个平面，三点决定一个平面。当把学习当成人生唯一的支点时，就难以稳定了。康雪馨的成长经历使她的内心难以获得安全感，为了赢得父母的关注，她竭尽全力地学习，出现情感萌动也坚决克制。她心如止水地将自己人生的意义和乐趣都聚焦到学习上，像个苦行僧一样地逼迫自己，她只对结果感兴趣，而对学习本身并没有兴趣，甚至会产生厌恶感，这属于枯竭型学习动机。一旦学习上不能驾轻就熟，或名次上遇到挑战，就会丧失学习的兴趣。

康雪馨父母是善良的人，对收养的孩子不离不弃，关爱备至是对的，但不一定非得以牺牲亲生女儿的成长为代价，完全可以两个孩子一起带。每个人都要为自己的人生选择负责。既然希望全力陪伴收养的孩子，可以选择不再生孩子；既然选择生下自己的孩子，就应该对两个孩子一视同仁，既不能冷落收养的孩子，也不能冷落亲生孩子，所有的孩子都同样需要来自父母的关爱！

小时候“懂事”的孩子往往会误导父母，被父母寄养他处会让孩子产生强烈的被遗弃感，因为父母总是给孩子讲“大道理”，“听话、懂事”才是好孩子，孩子会压抑自己的内心诉求。父母则天真地认为孩子很独立，适应这种生活模式。长大后又用各种优秀赢得父母的关注，父母又傻傻地认为孩子是一个超级让父母省心的孩子，自立、自理、自强！他们不知道，孩子的内心早已扭曲了。

我建议雪馨振奋精神，剪个更加女性化的发型，穿上漂亮的衣服，让自己清清爽爽地走回教室。如果能够和晓薇做朋友最好，如果目前做朋友的时机不成熟，那就注意观察她的言谈举止，看看她如何处理人际关系，并让自己成为一个大家都喜欢的女生。雪馨要跟她学习人生的大学问、大智慧。调整学习动机，给自己更多的人生支点，让自己始终处于平衡、稳定的状态。什么支点最牢靠呢？亲情。将自己内心的真实感受讲给父母听，让父母知道孩子的所思所想和内心诉求！

人际交往能力是一个人十分重要的能力，同伴之间的交流可以增加内涵，拓展知识面。用真诚的目光欣赏周围的人，走出自己的封闭小圈子，拓展自己的生存空间。

家庭自我形象

家庭自我形象既包括自己的原生家庭在社会中所处的位置，又包括父母的情感和谐程度，还包括父母与自己的关系。

父母爱所有亲戚家的小孩，唯独不爱我

鲍磊是高一男生，因为坚信父母不爱他，由失落、难以安心做事情发展到内心总是涌动强烈的负性情绪，一旦痛点被点爆，就完全控制不了自己的情绪，和父母大发雷霆……父母觉得委屈，经常在家庭群里发一些类似于：孩子还吃着父母的饭，就开始给父母甩脸子之类的文章。他越看越生气，明明是父母不爱儿子，给儿子内心造成巨大的创伤，不但不承认，还说是孩子的不对。

父母爱所有亲戚家的孩子，唯独不爱他。老家的表弟来他家，随便玩他的玩具，鲍磊特意强调，父母对他一直例行节俭，从小很少给他买玩具，每一个玩具对于他来讲都很珍贵。他不允许表弟乱动他的玩具，母亲就训斥他没有爱心，不懂得让着弟弟，他不服气。表弟走后，他发现自己最爱的玩具没有了，母亲敷衍了几句说可能忘了放哪里了，不会丢的。过节回老家，鲍磊看到自己的玩具在表弟家。父母从小就教育他不经允许坚决不能拿人家的东西，但对表弟却是另一套标准。鲍磊坚决把玩具带回来，母亲觉得对不起表弟，在网上分别给两个孩子买了玩具，这不是纵容盗窃行为吗?

鲍磊有一位家庭十分富裕的表哥生活在北京，暑假来天津住鲍磊家，父母慷慨到令他发指的地步，竟然一日三餐都在外面吃，他们家平时那么节俭，而表哥在的几天，他们家就像大款一样，不惜血本地带表哥到各处吃喝。鲍磊跟着一起吃，但内心却特别憋屈，母亲对亲戚的孩子有求必应，就算人家没有什么要求，她还会主动给人买这买那。而每当鲍磊要买东西时，父母又会说要节俭，不要和同学攀比，他曾经多次跟父母说明观点，父母批评他没有胸怀，不懂得与人为善，未来长大了进入社会得相互帮衬，他无法控制情绪，直接打了表哥和表弟。

鲍磊父母的做法在成年人中有一定的代表性，他们可能是传统意义上善良，严以律己，宽以待人；也有可能在亲戚面前讲面了，证明自己生活过得不错，对亲戚慷慨；当然还有一种极小的可能就是自我价值感低，觉得未来会有求于人家，所以竭尽全力地讨好。但无论理由是什么，对待亲戚的孩子和自己儿子双重标准本身就不妥，误导了孩子的价值判断。

不要给孩子贴上“心胸不开阔”的标签，父母是孩子心理的重要他人，一言一行对孩子都会构成强大的暗示，鲍磊会认为表弟、表哥本来就有其父母的关心，再加上他父母的爱，而他连自己父母的爱都无法得到，缺爱的孩子无论如何都没有爱别人的能量，爱是遵循满而溢的规律的。一些专家宣扬男孩要穷养，但如果过度的“穷”会造成孩子匮乏感，孩子内心会扭曲，形成负面的内在誓言，可能影响孩子一生的生活职业的选择和幸福感。当父母看到儿子将表弟拿走的玩具坚决拿回来时，看到儿子情绪容易被激惹时，看到他不计后果地打表兄弟时，父母难道没有意识到孩子的内心已经扭曲了吗？

我在跟鲍磊交流时一再强调母亲对亲戚的爱和对他的爱是不同的爱，母亲对自己孩子的教育是以怎样的公众形象立足于社会，是有强烈的责任心的；而对亲戚家孩子的爱是没有责任心的，仅限于亲戚间的关爱而已。但我心里清楚，只有他当上父亲才能理解两种“爱”的差异。父母要以孩子能接受的方式爱孩子比较现实。

青春期之前，大多数孩子只在意父母是否爱自己，进入青春期之后，他们对父母的职业、经济收入和社会地位变得敏感，由此引发因为家庭自我形象或是自信，或是自卑。

爱自己的母亲更容易赢得孩子的爱

苦笑含辛茹苦、费心养大的孩子，总是用嫌弃的语气和她说话。“别人家的妈妈穿得多时尚，你披头散发，衣着随便，太丑了”“人家汽车占道，你骑个电动车，还横在路上”“你看看人家妈妈说话慢条斯理，你大喊大叫太丢人了”……从小学一、二年级，儿子和她说话就没好气。家里经济条件一般，苦笑把所有的钱都用在孩子身上，哪里还有闲钱打扮自己呀！每天忙着上班赚钱、做家务，哪里有时间关注自己的外在形象呢？

苦笑说被外人瞧不起也就罢了，但被自己一把屎一把尿拉扯大的孩子瞧不起就特别心寒。儿子从小就特别难带，从幼儿园到现在，他不像别人家的孩子那么“有眼力见”，也不像别人家的孩子那么爱学习……他总是看不到自己的缺点，把所有的不如意都归罪于外界——家穷，母亲没品位，不会说话……苦笑担心现在他依靠着母亲都瞧不起母亲，等他翅膀硬了会怎样？

进入青春期之前，还没有形成充分自我意识的小孩子要“比”的事情非常多，他们会将自己内在的和外在的相关因素都放在同一个维度进行比较。比如，他们会将自己能否得到老师的表扬与母亲是否漂亮、时尚混为一谈。

苦笑的情况在普通经济收入的母亲中具有一定的代表性，她们爱孩子，为了孩子而自我牺牲，省吃俭用，无暇顾及自我成长，以自己的“粗糙”来塑造孩子的“精致”。面对孩子，不要一概否定孩子对外在形象的“攀比之心”，注意外在形象本身就是自尊心养成的关键环节。孩子年龄小，父母每天接送孩子时，应该注意自己的公众形象。不一定要花多少钱买多么时尚的服装，而是要提高自己的内在修养和品位，衣服不一定多，但质量要好、整齐、得体；行为要优雅，比如说话要控制音量、停靠车辆要遵守规则……避免因为父母行为失当而给孩子造成不好的舆论环境。

要改善孩子归因朝外的思维习惯，父母要鼓励孩子树立内在的“自我价值感”。每个孩子在群体中都需要有存在感，父母要帮助孩子选择适合他自身素质的业余爱好，并逐渐发展成为自己的特长。要想让孩子成为自尊、自信、自立的人，父母就先成为这样的人吧。

原生家庭，是孩子生命的底色

丽珊幸福心理指出，亲子之间要半步之外，不仅让孩子知道父母就在不远的伸手可及的地方，而且还能感受到切实的温度。对于被寄养他处的孩子来讲，在原生家庭之外又派生出来一个家庭，我们都知道在世界上没有两个家庭在价值观、情绪管理、行为方式和沟通模式等方面是完全一样的，这无疑给孩子造成比较大的混乱，一些自我要求高的孩子会焦虑，不知道应该尊崇父母照料的家还是尊崇自己成长的家。而更多一部分孩子则选择钻空子，跟母亲说“我外婆不像你这样要求”，跟外婆说“你已经落伍了，我妈妈不这样要求我”。父母在陪伴孩子成长中省多少事，当孩子进入青春期之后就要加倍付出。

丽珊—原生家庭亲子互动图

丽珊—原生家庭亲子互动图可以直观地帮助大家看清父母教养方式对孩子身心发展的影响。

我以亲密度为横轴，正向为过度亲密，负性为过度疏离；以弹性为纵轴，正向为过度放纵，负向为过度掌控。圆圈内部分是舒适区，绝大多数人是在这个区域中的，特征不太明显。越向两极发展，特点越突出。

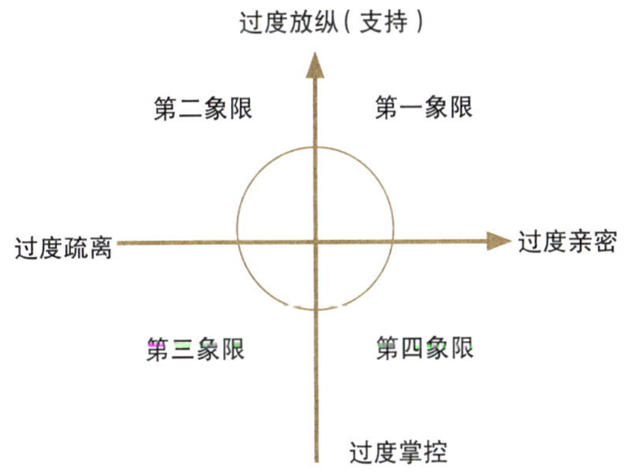

图 3-10-1　丽珊—原生家庭亲子互动图

第一象限：过度亲密 + 过度放纵 / 支持

这样家庭的父母会以自己的方式给孩子无限量的爱，亲子之间的关系和孩子的成长有多种可能：

1. 父母道德感强，孩子的道德感也强

如果父母本身具有很强的道德感，正能量，严以律己（此处的弹性轴为支持而不是放纵），孩子从小耳濡目染也会形成较强的自我道德感，他们能够自我约束，建立良好的个人信誉。因为和父母关系好，孩子具有安全感，他们在宽松的环境中成长，能够充分发挥自己的潜能，获得周围人的高度认同，因此具有很强的自信心和创造力，成人后会收获成就。亲子之间沟通良好，基本不存在父母道德感强而孩子的道德感弱的情况。

2. 父母道德感弱，孩子的道德感强

这种家庭的孩子自觉接受学校和社会的教育，或从父母的道德感弱引发周围人的鄙视中吸取教训。树立较高的道德感，他们会瞧不起父母，拒绝父母的任何说教，哪怕是正确的，但因为和父母没有建立良好密切的情感链接，他们内心难以获得安全感。他们会通过上大学、工作的机会远离父母，缺乏来自家庭的支持，有孤军奋战的感觉。

父亲的逻辑：不占便宜就是吃亏

在贾俊杰母亲的眼中，儿子过于刻板，过马路时尽管没有车辆，也一定等到人行道绿灯，为此父亲总是说他太死心眼，贾俊杰希望母亲提醒父亲遵守社会规则，但母亲并没有觉得老公有什么过分之举。自从升入高一，儿子基本不跟他们说话，一脸嫌弃的样子。

贾俊杰和我说的第一句话就是“人无法选择父母，遇到没有社会公德的父母真是丢人现眼”。父母带他到国外旅游，大声喧哗，周围人都用厌恶、嫌弃的目光看他们，他提醒父亲小点声。父亲就扯着嗓门说：“老子是来消费的，是上帝，帮他们改改臭毛病。”他再次制止父亲，父亲就指责他太怂，太自卑……每次坐父亲的车，贾俊杰都如坐针毡，父亲各种加塞儿，如果人家让他加进去了，就嘲笑人家技术差；如果人家不让他加，他就鸣笛、骂街……他开车从没有消停过。

贾俊杰巴望着快快高考，能走多远就走多远，他要和这个低俗的人划清界限。

客观地讲贾俊杰的父亲并不是大奸大恶的人，但他的这些行为对孩子造成如此恶劣的印象，激发孩子的逆反。一旦孩子否决了父母的为人，父母就无法对孩子的人生起到积极的影响了，更谈不上助推了。

3. 父母道德感弱，孩子的道德感也弱

如果父母的人生目标是自己合适就行，全然不顾及别人或群体的感受，违反社会规则，在这种家庭环境中成长的孩子如果自我约束能力低，就会出现各种问题行为。第一章中提到的美国电影《猫鼠游戏》的男主人公弗兰克·阿巴内尔，从 16 岁开始的 5 年中，在 26 个国家伪造了 250 万美元的支票，21 岁前便成为美国、意大利、西班牙、土耳其、德国等许多国家通缉的要犯。他被誉为 20 世纪最大的诈骗艺术家，成为 FBI 历史上最年轻的通缉犯。这部电影中的孩子将他父母缺乏道德感发挥到了极致。

还有的父母表面上遵守规则、事业有成、有良好的公众形象。但他们的孩子却道德感弱。这类父母头脑灵活，在社会上树立了道德感强的形象，但内在却是道德感弱，各种“灵活”、钻空子。他们对孩子不设防，将真实的价值观表现得淋漓尽致。孩子社会阅历有限，无法把握“灵活”的尺度，将父母道德感弱以最直观的行为呈现出来，挑战公序良俗，甚至到了触犯法律的边缘。当父母意识到问题的严重性修正孩子时却深感无力，有的孩子思维模式固化，有的孩子已经深陷问题人群不能自拔，有的孩子看透父母的双标和虚伪，陷入不可调和的亲子矛盾之中。

我遇到讲师德的老师

单静文从幼儿园到高中上的都是好学校，她的母亲是三甲医院的外科主任，凡是求她母亲帮忙的老师都会主动和单静文打招呼，夸她聪明、懂事、善良。

单静文高一年级准备出国后就彻底放飞自己了，上课只是安静地看雅思、不和周围人说话，下课老师都会表扬她。政治王老师知识渊博，语言丰富，课堂要求严格，绝大多数同学都喜爱她，但单静文有点怵她。事发那天政治课前，单静文给同学讲出国游学时遇到的八卦，上课后依然亢奋，隔着过道继续和两个同学说话。王老师强调纪律，她很扫兴地拿出雅思教程打发时间，王老师示意她专注听讲。她心不甘情不愿地把雅思收起来，老师写板书时，她又把雅思书重重地摔在课桌上……王老师把雅思书没收了。同学们都觉得单静文太过分了，劝她去道歉。她很给老师“面子”地说了一句“对不起”，请老师马上把书还给她，别耽误了晚上的雅思课。王老师认为她态度不端正，她没有继续听老师批评，扭头就走。

第二天母亲带着两个闺蜜去拜访王老师，跟王老师说自己是外科主任，乐于助人，校长、主任和几位老师都是她的病患，这些人给她的反馈是单静文活泼、开朗、是个“顺毛驴”，把她哄顺了，特别善良……王老师根本不买账，问：“您真的了解单静文在学校真实的状态吗？您和女儿沟通顺畅吗？您把无视规则的孩子送出国放心吗？”王老师的话戳到母亲心里的痛处，不说话了。随行的闺蜜赶忙帮腔：“人家孩子要出国，不烦劳您操心……”王老师把三个人轰出办公室。

陪伴孩子成长，父母要用眼睛看，用心思考孩子属于什么样的状态。这位母亲的职业给孩子带来了盲目的优越感，对学校的规则有恃无恐，孩子的价值观变得扭曲。孩子犯了错误，母亲应该为没有教育好孩子而感到愧疚，与老师沟通要带着谦虚学习的心态。

很多家庭自从把孩子送出国之后就疏于与孩子的沟通了，更谈不上帮助他们树立正确的人生观和世界观。其实这些出国的孩子当中很多人根本不懂得如何管理自己，如何进行人际交往，如何不给别人添麻烦。他们根本就没有完整的思维体系，只是有一些理论的碎片，自以为是地为了标榜自己有思想而说着经不起推敲的狂言。

一些把低龄孩子送到国外的父母找我咨询时，我都会问他们几个问题：

1. 你在孩子留学的目标国家生活过多久？你真的了解当地的文化吗？

2. 你孩子到国外留学是因为选择更适合他的学习环境，还是逃离国内他不适应的环境？

3. 如果孩子“带病留学”，你有什么理由相信他到了国外就会更好地改善呢？

我陪伴许多留学生成长，他们每次回国都要和我畅谈，告诉我身边一些缺乏道德约束，没有自控力的同学所做的事情都完全超出了我们的想象。作为父母，在指责孩子之前，先问问自己给孩子树立了怎样的人生观、价值观和荣辱观，每个孩子生下来都是白纸，是谁把画面画乱、画丑了呢？

第二象限：过度放纵＋过度疏离

这样家庭的父母往往以自我为中心，有的夫妻感情不好，对婚姻心灰意冷，把孩子寄养在老人家，不闻不问；有的夫妻忙于事业，将孩子扔给保姆，早出晚归，没有时间和孩子交流，对孩子缺乏起码的陪伴和情感交流。为了补偿孩子，减少自己内心的不安，无原则地放纵孩子，自愿成为孩子的提款机。这类家庭孩子缺乏与父母的交流，没有安全感，缺乏爱的能力，对社会的行为规范知之甚少，经常会有意无意地违反准则，因为经常犯错误成为老师眼中的问题学生，造成他们的社会化进程充满坎坷，有的形成低自尊，有的出现反社会行为，甚至走上犯罪的道路。

这类孩子的父母也有医生、高级知识分子，具有较高的道德感和社会认同度，但终日忙于工作，错过了与孩子建立健康依恋关系的时机。在孩子心目中，父母只是个概念，唯一的功能就是给钱，亲子之间缺乏沟通和交流，孩子无从了解如何做人、做事。一旦出现问题行为，父母觉得孩子毁了其一世英明，不愿求助，捂着盖着，直至问题发展到不可逆的地步。

一个“大姐大”扰乱整个学校

高一年级的邱桐把整个学校的女生都弄得心惊肉跳，哪个女生被她的小弟看上，她就会约谈该女生，只要不答应和她小弟搞对象，就恐吓对方。与此同时有更多男生心甘情愿地做她小弟，除了这个福利之外，她晚上还请小弟们去高档饭馆吃饭，到酒吧喝酒。

邱桐告诉我，她父亲特别聪明，只用很少的精力就开了三个大公司，闲来无事就吃喝嫖赌，她母亲想得开，不打不闹，也在外面花天酒地。他们给邱桐一张无限透支的银行卡，然后约法三章：每天坚持到校上课争取考上大学；晚上十点半必须到家；不许吸毒和赌博。连续两次堕胎之后，父母意识到“放养”的危害，把邱桐带到我这里咨询。

随着咨询的深入，邱桐非常信任我，告诉我从小到大，成年人从没有平等地和她交流过，有的把她当成垃圾，嫌弃和厌恶；有的把她当成流氓，恐惧和躲闪。她从来没有睡过一个安稳觉，总是被噩梦惊醒。

对于未成年人来讲，可以自由支配的钱多可不是什么好事情，我接待的这些有问题行为的未成年人，他们的一个共同的特点就是可以自由支配的钱多。钱多的危害有以下几种：

1. 网络成瘾。一位因为游戏成瘾长期不到校的学生和我建立了充分的信赖关系，他说："丽珊老师，您可千万不能让我对游戏丧失兴趣呀，我在游戏里投入了全部的钱，仅一个分区里就用两万块钱买皮肤和装备，如果我不玩了这钱就浪费了。"

2. 难以建立平等和善的同学关系。可以支配的钱多会让孩子产生盲目的优越感，如果身处校风纯正的学校，他们会被同学边缘化，交不到真心朋友。如果校风不好，他们有可能成为一些校园霸凌的施暴对象，总被交"保护费"或被抢劫；他们也可能以暴制暴，用钱雇佣"打手"，打群架，称霸学校。

3. 结识社会不良青年。在学校被边缘的孩子通过"扩列"（网络流行词，即请求扩充好友列表），结交一些社会不良青年，加快"社会化"进程，一些不良商家会开设面向未成年人的酒吧，由此引发各种问题行为。给这类孩子做心理咨询有一定的难度，心理咨询师要有"一夫当关，万夫莫开"的气魄，一边要改善孩子的错误理念，同时要与那些引发问题行为的人群争夺孩子。

我曾经为了帮助一位有严重行为问题的女孩，利用暑假进行合围，阻断她与不良青年的交往，制定了周密的帮扶计划，引入7位"大朋友"和"同伴导师"（丽珊幸福心理特色辅导方式，这些具有大学本科以上学历、心地善良、乐于助人、接受过张丽珊系统心理辅导理论学习的人当中，有一部分是职场中人，是"大朋友"；另一部分是大学生，是"同伴导师"。他们的作用是为来访者树立正向的榜样。）通过近两个月的努力，女孩树立了正确的审美观，更新了社交圈，补习了学校的学科知识，重塑了自我形象。

第三象限：过度疏离 + 过度掌控

这样家庭的父母在情感上与孩子疏离，但他们具有教育孩子的责任感，所以在行为上严格掌控。有的父母本人在人格、人际交往、情绪管理和夫妻关系上就存在问题，将负性情绪转嫁到孩子身上，使孩子成为情绪“连动性不安”中的受害者。这样的家庭培养出的孩子会有两个发展方向：一种会非常胆怯，不敢承担责任，遇到困难第一个念头就是逃避，容易成为啃老族；另一种会在青春期时表现出强烈的反叛，无原则、无底线、说话办事冷酷无情。

过早寄宿对亲子双方都有伤害

父母离异，母亲在澳大利亚，父亲忙于生意，袁梦从幼儿园就开始寄宿，但她始终不适应寄宿。强势的母亲告诉她上寄宿的人具有独立生活的能力，未来能适应澳大利亚的生活。

袁梦父亲年轻时在服装店做学徒，性格随和，善于讨好周围人，深得师傅喜欢。师傅把服装店和性格跋扈没有任何朋友的女儿范爱文一起交给他。婚后不久，他们便有了袁梦。袁梦三岁时，范爱文提出离婚，去了澳大利亚，远程遥控父女二人。在袁梦心目中，母亲就是《忠狗 101》里的库伊拉，她从来不听孩子说话，每天打电话大喊大叫地遥控她的一切，逼迫她背单词，在电话里检查她的背诵情况。在袁梦的眼中母亲没有一丝一毫的温度，就是个冷酷的怪兽。

范爱文当初给袁梦选择国际学校时，看中了幼、小、中和大学直通车，但 8 年级时学校资金链断了，解散了。母亲远程遥控袁梦让她转回普通初中，袁梦性格怪僻，不和人交往，很多学科都没有学过；半年之后范爱文再次把她转到另一个要求学习比较严格的国际学校。袁梦的英语始终是弱项，整天像听天书，她瞧不起周围同学只知道学习，这哪里是国际学校呀？她不去学校，整天待在家里。

范爱文从澳大利亚赶回来处理烂摊子，她说自己在女儿这个年龄也瞧不起周围人，事实证明她就是比周围人强。她对外界高度排斥的状态是真的优秀还是通过强势来回避一些现实困难？

随着咨询的深入，问题浮出水面，范爱文年轻时，没有任何朋友。当时她认为自己曲高和寡，不适合在中国生活，到国外接触高层次的人自然如鱼得水，但她在国外更加不如意。为了能给孩子奠定基础，她一直没有放弃努力，却屡屡受挫……她硬撑着在父女面前高高在上、颐指气使，从来没有将真实的情况透露给任何人。现在范爱文十分尴尬：自己当年执意给孩子选择国际学校，现在不出国孩子则没有出路；可孩子出国，自己落魄的生活状况则暴露了，孩子肯定不会再听她的话了。思前想后，范爱文决定用“高门槛”吓住女儿，如果女儿知难而退，不敢去澳大利亚，母亲就能继续以强者的身份“帮助”女儿选择到其他国家，顺利回避自己所面临的窘迫。

父母将自己在人际交往时遇到的困难归因于外界，认为周围人水平低，不值得交往。又将自己的理念传递给孩子，预设了孩子人际交往中的错误模式。

寄宿对孩子的心理影响包括正反两个方面：正面影响包括创设了与同龄人互动的人际环境，培养孩子生活的自理能力和思想的自主性，敢于对自己的选择负责，寄宿还可以实现异地求学。负面影响则是孩子出现性格偏差或心理问题的概率远远高于同龄人，寄宿年龄越小，出现问题的可能性就越高。主要原因包括：

1. 难以及时获得心理安抚。寄宿使孩子24小时生活在社会化环境之中，精神始终处于紧张状态，基本失去了向父母表达情绪并获得抚慰的机会。

2. 与父母情感连接存在障碍。有的孩子在理智上认同父母选择寄宿制，但内心依然有怨气，认为父母不理解、不爱自己。

3. 缺乏人际支持系统，造成人际交往困难。寄宿使孩子对周围的人高度依赖，如果人际互动不良则会陷入自卑和焦虑之中，有的孩子会用问题行为来吸引老师和同学的关注。

4. 过早寄宿的孩子长大后和父母之间没有深厚的情感，对父母比较冷漠。

在日常咨询中，寄宿制国际学校学生的英语水平差，厌恶英语并不是个别现象。过度开放“一览无余，无处隐藏”的教学方式对于性格内敛的孩子是机遇和挑战并存的，有的孩子逐渐放开自己，实现人生的跨越；有的孩子形成巨大的心理阴影，难以克服对学习的抵触和恐惧。丽珊幸福心理倡导的助推理论，是顺势而为，不能生拉硬拽，更不能拔苗助长。

第四象限：过度掌控 + 过度亲密

这样家庭的父母在陪伴孩子成长的过程中，无论情感还是物质都全情投入，形成你中有我、我中有你的胶着状态，也就是我所说的“嵌入式”互动。孩子小的时候高度依赖父母，很乖很听话。但随着年龄的成长，他们无论在思维的自主性还是生活的自理性上都落后于同龄人，既影响公众形象，又难以和同龄人建立平等的友情，缺乏来自同龄人的心理支持。大家还记得第六章《替代成长，让孩子心理“冻龄”》中的赵玮和《社会适应不良会遗传吗》中的郭也煌吗？

这类孩子往往会出现青春期滞后，一旦心理自我意识崛起，就会对父母之前所做的一切持批判的态度，坚持“我的人生我做主”，在就业或择偶中“彰显”个人的力量，而又因为始终处于替代成长状态，缺乏社会阅历，往往陷入盲目选择，加大了人生的难度。

海外归来，女儿爱上一名美发师

古肖文觉得自己得抑郁症了，天天失眠，人已经苍老了很多，如果女儿的问题不解决，她的身体肯定会垮的。事情的起因是女儿恋爱了。

小敏从小长得漂亮，母亲为了保护女儿，就告诫她男生都包藏祸心，千万不要与男生说话……小敏对母亲的话似懂非懂，但她笃定母亲是为自己好，心如止水地学习，成绩优异，一直到研究生毕业都没有和男性交往过。

硕士毕业参加工作后小敏因为优秀被单位派到国外深造两年。回国后已经 29 岁，母亲开始着急，各种相亲无果，小敏说自己从小到大没有一个男生主动和她交流，她坚信自己没有“异性缘儿”，内心挺自卑的，却不敢告诉母亲，生怕被数落。前些日子小敏激动地告诉母亲，她恋爱了，一位美发师说她是完美女生，总是赞美她。

古肖文一再强调自己没有职业歧视，可这位美发师小学毕业就进入社会了，20 年与女顾客周旋，最擅长讨女性欢心。小敏没有与男生交往的经验，误将好感当爱情。母亲越是苦口婆心劝阻，小敏就越坚决……并且告诉母亲他们发生了性关系，她必须和他结婚了……

古肖文回想自己近 30 年把女儿当眼珠子护着，却不想让那小子轻易得手了。她现在太被动了，不同意他们在一起吧，女儿以后找不到对象母亲会落埋怨；同意他们在一起，他们之间的差异会因为“爱情”而填平吗？没有共同语言的婚姻能长久吗？她不知道自己到底做错了什么，落到这种境地。

父母与子女的嵌入式互动，替代性成长本身就会造成孩子心智发育落后于生理年龄，青春期滞后。我在咨询中遇到过许多这类问题，有的在职业或恋爱中出现问题；有的已经结婚生子了却盲目逆反、为所欲为、完全没有责任心，殃及的不仅是父母，还有伴侣和孩子。60 多岁的老人本应享受天伦之乐，而他们却要带着孩子来找我做心理咨询……看着他们，我的内心充满苍凉。他们一再跟我强调孩子小时候特别听话，从没有让父母操过心，万万没有想到这个年龄出问题了，可年龄大了，父母根本控制不住。我在给初中学生家长做讲座时常常说，如果孩子进入青春期出现逆反了，父母不但不要抱怨孩子不好带，反而应该庆幸“谢天谢地，你来了！”一方面说明孩子的生理年龄和心理年龄相符；另一方面这个年龄无论怎么折腾，毕竟年龄小，能量有限，父母还能招架得了，总比青春期滞后要好得多。

青春期最大的特点是什么？我的人生我做主。初一、初二年级时，孩子要做主的无非是穿什么衣服什么鞋？写不写作业……而成人之后则是要不要工作？选择什么样的职业？选择什么样的伴侣？小敏 29 了，却像个 13 岁的少女情窦初开，她眼中的爱情没有烟火气，没有具体的生活细节，美发师的美言蒙蔽了她的双眼。此时母亲的反对无疑又激发了她的斗志，与其说是为了爱情，不如说是彰显自己的力量，守护自己的心灵领地。目前只有心理咨询能够帮助小敏了解自己、解读自己，从而懂得自己真正需要的感情是什么。

你在陪伴孩子中偷的赖，未来都要加倍偿还

丽珊幸福心理指出，亲子之间要半步之外，不仅要让孩子知道父母就在不远的地方，而且还能感受到切实的温度。30 岁左右生孩子恰是职场升职的关键期，在孩子身上花费过多精力，无疑会造成职场上的“间歇期”，使上升通路出现停滞。我在给女性朋友，包括高中女生做生涯规划时一定会加入结婚生孩子的环节，既要避免在职位上升关键期生孩子，又要避免因为追求职业发展而一再推迟生孩子的时间，成为高龄孕妇，或无法怀孕。家里老人年纪不太大，身体健康，精力充沛，又愿意帮助子女带孩子，是女性朋友怀孕生孩子过程中最重要的资源。但一定要邀请老人来家里帮忙，父母每天都能看到孩子。如果将孩子寄养在老人家，父母错过了孩子成长的每一天，等孩子再回到身边，亲子双方会有太多的习惯需要磨合，双方的情感需要从头培养，孩子身上的许多习惯需要修正，那样亲子双方都会特别痛苦。

夹在母亲和女儿之间，我不知所措

赵菁是我的《你可以生得更好》一书的读者。她和老公是北漂，生存压力大，根本无暇照顾孩子，在老家生了孩子，哺乳假结束，就把4个月大的女儿留给姥姥，回北京工作了。他们和孩子的接触仅限于节假日，每次回去看着孩子身体健康，各种发育指标符合书本上写的标准，很是放心。女儿6岁半回北京上学，孩子和姥姥分离的场面让赵菁震惊了，孩子并不像回到亲生母亲身边那样欣喜，而是像被陌生人强行掠夺，哭得晕厥过去。当时她就隐隐地感觉到和孩子建立感情有些困难。

随着和孩子相处，赵菁发现她身上有太多毛病，其中最为突出的是花钱如流水，看什么要什么，母亲不答应就站在大街上大哭大闹；完全没有自理能力，东西到处乱扔，用时找不到；脾气暴躁、任性、极具破坏性。只要母亲不按照她的心思办事，就大声骂母亲，吵着要回姥姥家，打电话给姥姥告状，语气强硬地说："管管你闺女，她又虐待我了。"姥姥不分青红皂白地在电话里训斥赵菁，说她在孩子成长中没有付出艰辛，不懂得珍惜，责令她按孩子的意见办事，不然就把孩子送回去。面对母亲，赵菁只能就范。

赵菁特别奇怪，母亲对她要求特别严格，她在母亲面前胆战心惊，为此她在学校是好学生，在单位都是好员工，这也是她放心将孩子交给姥姥带的原因。可她对外孙女却毫无原则，孩子在学校问题频出，老师请家长，赵菁特别尴尬。但她无从入手，夹在孩子和老人之间，不知所措，早知道是这样的结果，她当初宁可一个人带孩子。

一、如何与老人相处？如何与他们达成教育孩子的一致性呢？

1. 体会老人爱的需要。肯定老人的付出，无论结果是不是与初衷一致，千万不要指责和批评老人。

2. 多与老人交流，让老人感受到子女的孝心，减缓对孙辈情感的“依赖”。

3. 杜绝当着老人的面训斥孩子，批评孩子的毛病本身就是对老人教育的否定，老人肯定会反击，无法形成教育合力，孩子也就找到了成人之间的漏洞，周旋其间。

4. 将自己对孩子教育的整体思路清晰而完整地讲给老人，要表达对老人抚养自己、又帮自己带孩子的感恩之情。

二、如何增进母女之间的感情呢？

案例中，在女儿的心目中，赵菁是将她和姥姥分开的恶人，而母亲满眼看到的都是女儿的缺点再次让女儿感受到母亲的无情、挑剔。中国有句老话“亲其师信其道”，学校教育尚且如此，那么亲子之间更是这样，对孩子实施教育的第一步是让孩子接受母亲，接收到母亲的爱。具体做法如下：

1. 每天找到孩子身上一个优点。孩子回到母亲身边，双方都需要一个适应的过程。母亲的家务活一下子增加了很多，人在累的时候情绪会暴躁。母亲发现孩子优点的过程就是接纳孩子的过程。

2. 抽出更多的时间陪孩子玩耍。孩子从姥姥身边离开会有很多的惊恐，“这个人会爱我吗？”她在观察母亲。母亲先观察孩子喜欢玩什么，比如她喜欢听故事，母亲就每天给她讲故事；她喜欢看动画片，母亲就陪她看……让孩子感到和母亲在一起很有趣。

3. 与老师进行有效沟通。告诉老师孩子一直生活在姥姥家，刚刚回来处于磨合、适应阶段。母亲现阶段的任务是先让孩子接受自己，然后才能规范她，赢得老师的谅解。

4. 多与孩子同龄人的妈妈交流，了解这个年龄段孩子的特点。孩子不在身边，母亲对孩子的成长历程不了解，对孩子的要求很难符合孩子的实际情况。多与小朋友的母亲交流，将孩子的各种行为放到一个大的参照系统中，比如这个年龄写作业拖沓、缺乏自理能力是共性，减缓过度焦虑和紧张，有利于与孩子心平气和地沟通。

赵菁的孩子面临着双重适应：一是要适应从姥姥家回到原生家庭；二是适应由学龄前成为小学生。两个适应期重叠在一起对孩子来说难度太大了，如果母亲提前半年把孩子接回来，让孩子先适应亲子互动，再适应学校，难度就会小很多。

孩子与父母分离会造成分离焦虑，分离的时间越长，给孩子造成的伤害就越大、越深刻，有的甚至会形成人格障碍，影响孩子一生的幸福。

家庭系统由很多子系统构成，比如夫妻子系统、母子子系统、父子子系统……孩子很容易被父母之间、长辈之间的情绪所感染。亲情关系质量如何，家人在一起是否能享受生活中的乐趣对孩子来讲非常重要。

丽珊幸福心理倡导的助推理论是在孩子的半步之外，客观地观察孩子，了解孩子的心理状态，给孩子有温度的引领，让孩子自主选择，并鼓励孩子实现自己的选择。

微信扫一扫
二维码收听

微信扫一扫
二维码收听

微信扫一扫
二维码收听

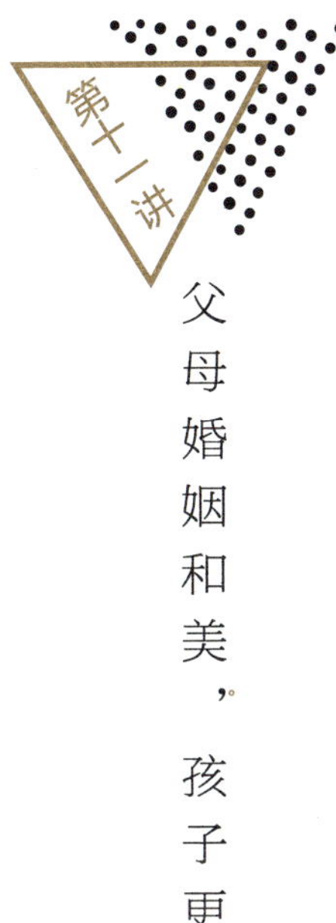

第十一讲

父母婚姻和美，孩子更具生命力量

男女两性对婚姻的需求是不一样的。完美婚姻从读懂自己，读懂对方开始。当你决定要将生命传递给孩子之前，一定本着负责任的态度检视自己的婚姻。父母恩爱、家庭气氛和谐是送给孩子最珍贵的礼物。

女性在婚姻中最渴望获得关心、理解、尊重、忠诚、体贴和安慰。而男性在婚姻中最渴望得到的是信任、接受、感激、赞美、认可和鼓励。

在婚姻中，女性是用来被男性爱护的，在爱护中女性获得安全感，有安全感的女性会美丽、从容、有包容心；男性是用来被女性崇拜的，在被崇拜中男性获得自我价值感，会自信、坚强、有爱心。

只有在顺遂的婚姻中出生的孩子才是爱情的结晶，才是瓜熟蒂落。维系婚姻是孩子难以承受之重。

对于孩子来讲，没有什么比父母婚姻和谐更重要的了。父母心往一处想，劲往一处使，对孩子的助推才最有力量。现实生活中难以形成合力的父母会给孩子的成长带来很多的麻烦。

孩子是婚姻和美的最大受益人

孩子是家庭关系稳定的维护者，如果父母离婚了，孩子的内心肯定会受到影响。有的单亲母亲理直气壮地告诉我，是孩子鼓励她离婚的。但孩子没有经历过婚姻，父母的争吵让他不堪其扰，尤其父亲再经常跟孩子发脾气，他会认为离婚对他来讲能摆脱父亲的管教。而一旦父母真的离婚了，他才意识到自己与其他同龄人的不同。所以关于婚姻问题，父母要请教婚姻治疗师，而不是孩子。

没有经过婚姻治疗的离婚是人世间最不明智的选择

第一年 10 月份，汪女士给我微信："丽珊老师，我老公和我承认他精神出轨了，他牵挂单位的一位女同事，我该怎么办？"我告诉她趁着老公还没有实质性地交往，马上在当地找一位婚姻治疗师，用婚姻的和美抵御外在的诱惑。

第二年3月份，汪女士第二次给我微信："丽珊老师，老公答应我要和我好好过日子了，但最近我发现他们始终没有断，我该怎么办？"看来老公已经由精神出轨发展为有实质性的交往了。我告诉她趁着他提出离婚之前，马上在当地进行婚姻治疗，避免事态的进一步发展。

第二年8月份，汪女士第三次给我微信："丽珊老师，我是一位刚刚离婚的单亲母亲，我总是控制不住自己的情绪，经常和孩子发脾气，请教您如何降低离婚给孩子造成的心理伤害？"我告诉她带着孩子一起在当地找心理咨询师，她本人接受离婚后心理治愈，孩子接受父母离婚后的创伤心理咨询。

第三年5月份，汪女士第四次给我微信："丽珊老师，我现在每天都在后悔当初为什么执意要离婚，现在孩子特别逆反，我想复婚给孩子一个完整的家，您说我该怎么办？"我告诉她这是两个大系统的问题：第一个系统是关于婚姻，是否复婚不是她一个人说了算的，要了解对方现在的情感状况，就算幸好还是单身，人家是否愿意复婚，这必须由婚姻治疗师作为第三方介入，帮助双方持续修复；如果对方已经再婚了，就不要再去打扰了。第二个系统是亲子沟通方面的问题，需要心理咨询师和孩子面对面交流，充分了解孩子的心理感受和孩子逆反的真实原因，然后给出亲子双方调整方案。

第四年6月份，汪女士告诉我，孩子已经将近一年没有上学了，她问我："丽珊老师，我为什么这么失败呢？婚姻没有了，孩子毁了，我到底错在哪里了？"我问她："你的心理咨询师给你怎样的建议呢？"她沉吟了很久说"对不起，丽珊老师，我并没有找过心理咨询师。”

汪女士给我的印象太深刻了，从她与我的互动中，大家察觉到了什么？遇到问题，她只是想找个人倾诉、抱怨，却没有任何自我改善的行动。如果第一年 10 月就接受婚姻治疗，问题不严重，1~2 次咨询不仅可以让她老公放弃对外面女人的牵挂，还会发现他们互动中的问题，进行修正，很容易调整过来。而第四年 6 月，孩子一年不上学了，咨询需要的周期就漫长了，就算几十次的咨询达到最好的效果，孩子所耽误一年的时间却永远无法挽回。

我们都有一个生活小常识，身体不舒服了，先根据以往生病时的感觉进行比对，做出初步的判断，是上火了，还是要发烧？然后自行调整，是多喝水多休息呀，还是吃点药缓解。如果自我调治无效，或者这次症状和以往不一样，就一定会去医院看医生，通过各种检查找出引发疾病的病因，然后有针对性地治疗，该吃药吃药，该打针打针。绝不会生病后不进行治疗就直接宣布死亡。婚姻病了，为什么不经过科学的治疗就在各种负性情绪的支配下盲目地宣布婚姻死亡呢？婚姻的解体对夫妻本人、双方的原生家庭和孩子都构成巨大的影响。

那什么是婚姻治疗呢？我介绍一下婚姻治疗的步骤。

婚姻治疗的流程

婚姻治疗往往由婚姻中觉得婚姻不幸福或发现对方有外遇的一方发起，此时婚姻治疗师的第一个建议就是封锁消息，不要将此事跟周围任何人提及。

不要和双方原生家庭成员诉苦。妻子发现老公有外遇了，第一个想到的是到婆家告状，认为公婆有义务教育他们的儿子，却忽略了一个最现实的问题，公婆是老公的亲生父母，他们考虑问题的顺序估计会把儿子的感受放在第一位。如果媳妇特别贤惠，平时把儿子照顾得特别妥帖，他们为了儿子的幸福可能会考虑维护婚姻；如果他们特别喜欢孙子或孙女，可能为了给孩子一个完整的家而规劝儿子不要折腾。但如果媳妇脾气暴躁不好相处，不把老公放在心里，对公婆也不尊重，当他们听说儿子有外遇了，有可能换来一个因为爱儿子而尊重公婆的新儿媳，尽管他们不能表现出开心也会为儿子开脱，况且已经成年的儿子是不是还真的能对父母言听计从也未可知。为此，跟公婆告状对恢复夫妻情感没有任何帮助。

跟娘家人诉苦好不好？娘家人肯定有明确的倾向性，将之前对女婿的各种不满都想起来了，给女儿打气加油，一定要和这“薄情寡义”的男人斗争到底，更有甚者娘家人直接打上门去，和女婿彻底撕破脸。许多处于婚姻危机的女性来找我咨询时诉苦，本来老公已经有改过的行动了，自己也心软了，想偃旗息鼓继续好好过日子，可娘家人却不依不饶，总希望痛打落水狗，让他一辈子都记住了……这样做的危害是女婿与岳父母家内心的隔阂永远无法消除。男人认定是妻子造成的尴尬，对妻子的怨恨又上一个层次。

跟闺蜜说说好不好？你真的会听从闺蜜的建议吗？你找闺蜜说的目的是抱怨还是讨方法？你能保证闺蜜不把自己的心理感受投射到你身上吗？一位女士发现老公有外遇后跟离婚多年的闺蜜倾诉，闺蜜离婚后一直抱着游戏人生的态度周旋于多个男人之间。闺蜜站在自己的角度并没有给女士任何有建设性的建议，反而劝女士尽早离开出轨的丈夫。女士仿佛认清了男人的本性，选择了离婚。现在一个人带孩子无依无靠，困难重重。

还有一些更为风风火火闯九州的女性朋友，遇到婚姻危机直接和老公的领导、朋友说，希望用舆论压力逼老公回家，却不想丑化了老公在熟人心目中的形象，他会更加坚决地离婚。

婚姻危机包含两个层面的意思：一是“危险”，如果处理不好，婚姻就会彻底结束，两个人都会体无完肤；二是“机会”，是自我成长的机会，婚姻保鲜的机会。

婚姻治疗师了解婚姻现状之后，首先收集相关的资料，包括双方的成长经历、原生家庭、受教育程度、社会认知、价值观、语言表达方式等；其次了解双方相识和相恋的过程确认是否有感情基础，各自对婚姻的期待、理想中伴侣的形象与现实间的差距，双方是否具有自我成长的内在力量，等等。对婚姻质量和修复后幸福度做出初步评估。

然后指导双方了解自己，解读对方。在日常婚姻治疗中，同床共枕二三十年的夫妻既不了解自己更不了解对方。我带领他们真切地认识自己，包括优点和缺点，原生家庭给自己内心的烙印，内在誓言中关于婚姻部分的内容等；了解伴侣对自己的期待，消除彼此的误解，明确各自的成长方向。许多接受过我婚姻治疗的夫妇都感慨，终于找到了自己心目中勾画了许久，但在现实中已经不再期待的那种婚姻幸福感。双方都在努力做成对方心目中期待的自己，自然感觉就不一样了。

丽珊夫妻—亲子互动模型

原生家庭夫妻婚姻质量、沟通模式对孩子的生活品质到底有多大的影响？28 年的临床心理咨询使我充分意识到夫妻的沟通模式对孩子个性形成、人际交往品质、亲密关系质量都有着深刻而持久的影响。经过多年的努力和不断修正，我设计出丽珊夫妻—亲子互动模型。并于 2013 年我在天津人民出版社出版“丽珊她话题丛书”《你可以嫁得更好》《你可以生得更踏实》和《给孩子不伤害的爱》首次面世。每一个家庭都可以在这个坐标系中找到相应的位置。圆圈内为舒适区，绝大多数家庭在这个区域中，特点不明显，最多是具有某种倾向性而已。越向两极发展，特点就越明显。

父母掌控家庭的力量与其职业、经济收入和社会地位没有必然的联系，有的人具有很高的社会地位，但他们从来不争夺家庭的控制权。该坐标的横坐标是父亲掌控家庭气氛的程度，纵坐标是母亲掌控家庭气氛的程度。不同性别的孩子身处同一个区域所形成的个性、思维、行为还会有所区别。

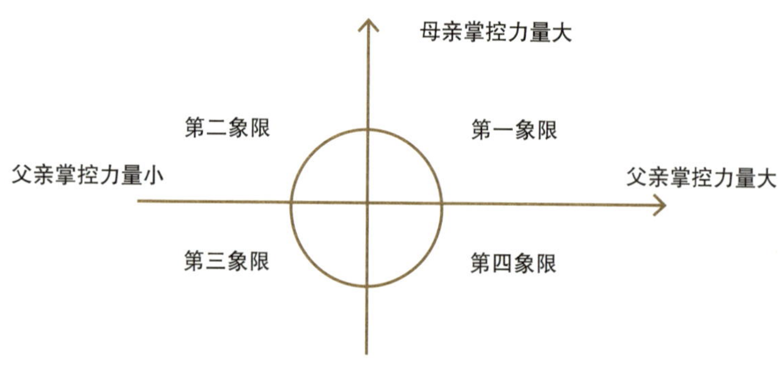

图 3-11-1　张丽珊夫妻—亲子互动模型（图）

第一象限：父母双强势的家庭

父母双强势，他们会以各种方式争夺家庭的主导权。夫妻间总是以各种事情为载体进行权力的博弈。这种家庭的男孩缺乏生命力量感，女孩则比较暴躁。

男孩从小看到父母双方争夺，他被双方撕扯，为了让男孩站在自己一边而否定或贬损对方。在争夺中母亲具有天然优势，男孩成为妈宝，缺乏主见，难以担当选择的后果。进入青春期之后男孩会有两个极端的可能性：一是软弱，无主见，充满依赖，在人际交往中被动，被欺负，缺乏成长的动机和能量，这样的男孩长大后成为啃老族的可能性极大；二是反叛，无原则，无法自控。孩子通过正常手段无法获得自己的合理诉求，就会选择比较极端的方式，比如像父母一样大喊大叫，摔东西……有的孩子还会用逃学、谈恋爱、乱性等方式来挑战父母的权威，如果父母表现出无奈、无助、退缩，孩子便会“症状获益”，他们会继续通过问题行为来争取“权益”。亲子关系处于失控的状态之中。

女孩在充满硝烟的家庭氛围中难以养成温顺的性格，她的内心总是涌动狂躁的能量。耳濡目染到母亲的强悍，在与人相处中会比较强势、霸道、与母亲争夺家庭的权利，用各种问题行为向母亲挑战，进入青春期之后女孩便会更加暴躁。女孩为了展示能量而缺乏自我约束和自我管理的意识和能力，从而造成人生的扭曲。我接待过许多有行为问题和情绪问题的女孩均来自这类家庭。

虎父铺就的犬子之路

刘子蝉和老公都是名牌大学毕业，事业上很有成就，但儿子王奇却没有遗传他俩的任何优秀品质。她甚至怀疑孩子在妇产医院抱错了。在母亲眼中王奇从小就没有一点儿精气神，整天低头耷脑，闷不作声；他的“厌学”好像是与生俱来的，在普通学校始终稳居最后的位置；进入青春期以后，情绪总是处于剧烈的波动之中，经常无来由地乱发脾气，摔砸家里物品的频率越来越高；沉溺网络游戏，经常因为晚上玩得太晚，早上无法起床，旷课已经是家常便饭……高三年级还没有学习状态。最近母亲无意中发现他看网络上的色情图片，自慰……

在母亲眼中没有优点的孩子，他是如何感知自己、感知他人的呢？亲子关系就像跷跷板，父母一方过于强大，孩子只能处于劣势地位，他的生命能量在压抑中不断地消耗，无法获得补充。

王奇告诉我，自己是寄生虫，厚着脸皮得过且过。他的存在使父母的人生不完美了，父母一直在寻找体面的理由把儿子扫地出门……父母分别是两个大集团的老总，人脉资源丰富，但羞于让认识的人知道有个不争气的儿子，王奇没有机会进入重点校，始终在偏僻的学校寄宿。父母告诉他，为了安全，避免仇家伤害他，千万别和周围人提起他是他们的孩子……多年来，王奇将他们所有的言行联系在一起，终于明白了，他们真正担心的不是儿子的安全，而是他们自己的面子。

是什么让王奇得出这样的结论？是沟通不畅让孩子产生了误解，还是孩子揣摩到了父母的真正意图，抑或是父母自然流露的态度让孩子把问题转移到自己身上？此时的我不得而知，但我知道王奇的自我价值感很低，母亲所罗列的问题行为很可能与此有关。

针对这对夫妻争强好胜的特点，我设立了竞争机制，看谁支持孩子成长的方案更积极、更有效。每次交流中，两人都争着说孩子本周的进步，他们的交流越来越正向了。

王奇的状况有了明显的改善，连续咨询两次就回到学校。之后的几周中，他不到学校的天数逐渐减少，第四周终于做到了全勤。每个周末过来，他都比较主动地与我讨论学校的事情，人也变得阳光多了。

两个月过去后，王奇父母惊喜地发现，当他们用平等、关怀的目光看待孩子的时候，奇迹出现了——孩子开始在慢慢地自我改善，不仅到校上课，回家还写作业了，有了高考的目标学校……

在成长过程中自我价值感低的孩子，通常会通过各种方式寻求以下目标：

1. 注意。孩子会做出积极或消极的事来赢得关注。如果父母和老师只关注消极表现，即在孩子做错事时批评，但孩子做出积极努力却得不到任何及时的表扬，这无疑给孩子造成一个错觉——

只有做错事才会被关注。

2. 权力。自我价值感低的孩子往往要寻找权力感。有的孩子因为犯错误经常被父母斥责，在忍无可忍的情况下摔砸家中的物品。父母担心继续激怒孩子，态度会变得缓和一些，孩子误以为自己降服了父母。父母态度的转变强化了孩子的暴力倾向，他找到了获得权力的方法以及使用权力的时机。

3. 报复。孩子会用学业上的失败、沉溺网络等各种问题行为来报复父母，他们越束手无策，孩子就越有成就感。

4. 回避。自我价值感低的孩子回避与人进行情感的连接，以避免新的伤害，结果导致沟通能力的退化。

成年人以为事业成功的父母为孩子搭建比较高的成长平台，为他们提供更多的发展机会，却忽略了高的平台本身就压缩了孩子的上升空间，提高了他们获得成功的难度。在父母双强势的家庭里，孩子获得父母发自内心的赞赏的机会很少，无论自己多努力，所收获的成果与父母的巨大成就相比都会显得太微不足道。如果父母能够意识到这些，给孩子积极的心理抚慰，帮助孩子了解自己所拥有的优势，并知道如何借势发展，亲子之间就会形成良性互动。如果父母不切实际地以孩子难以企及的标准要求孩子，则会让他们处于焦虑之中，形成低的自我价值感，最终以放弃成长来对抗父母带来的成长压力。

第二象限：母强父弱的家庭

这种家庭是指母亲在家庭中处于绝对强势，父亲处于弱势。弱势的父亲有其自身的问题，比如事业上不成功，性格退缩，人际关系不和谐；也有可能到处留情，被妻子抓到，在妻子面前永远抬不起头。这种家庭的男孩缺乏学习的榜样；女孩在两性交往中则进退两难。

男孩从小依赖、信任母亲，讨厌父亲的软弱无力或行为不端，甚至会因为自己是男孩而自卑、自责，对未来自己会是怎样的生活状态没有任何的自信心。缺乏学习榜样的男孩无力应对生活的各种状况，缺乏决断力。进入青春期之后，他对母亲的感觉变得复杂，既依赖母亲，觉得离开母亲什么都做不成；又希望从母亲的全盘掌控中逃离，像其他的男生一样“我的地盘我做主”。他们会在周围寻觅比较强势、善于与成年人对抗的女生，希望以此获得与母亲抗争的力量。随着斗争的深入，他会依恋强势女生，如果被对方嫌弃则会变得更加被动和退缩，他会更加痛恨软弱的父亲和强势的母亲，将自己的不如意归因到他们的身上；如果他被强势女孩接受，则又陷入父亲的宿命。一些认定自己有“同性恋”倾向的男生多来自这样的家庭。《教子不迷茫》一书中有这样的典型案例。

这种家庭的女孩耳濡目染了母亲如何训斥父亲，她习惯了男性在两性互动中处于忍让、服从的状态，一切听从女性的调遣，处于卑微地位。如果母亲能够很好地处理自己与女儿的关系，使女儿从内心认同母亲的话，在未来的婚姻中，她会模仿母亲。如果母亲的强势殃及女儿，女儿则会挣扎，会站在父亲一边，为父亲抱屈，全盘否定母亲，与母亲争斗。这种女孩在未来的两性交往中会比较尊重男性，但又因为与母亲的情感链接不好，在人际关系和情绪管理中出现问题，尤其处理不好与婆婆之间的互动。

哪个男生也不愿被女生驱使

陈学玲尽管表现得极为谦和，但难以掩饰内在的强势。她说女儿孙楚翘进入高三后情绪始终不稳定，上课时无法控制自己，不是和老师激烈顶撞就是放声大哭。班主任几乎每天都给她打电话告状。陈学玲觉得女儿在家行为也很怪异，原来乐观开朗的她，最近闷闷不乐，还经常摔东西。

孙楚翘在班里是一种神奇的存在，班主任说高三年级要激发最大的潜能考出好成绩，她就会接下茬“学生是考试机器，老师坐收渔人之利”；同学努力学习，她会说“就算考不上大学做生意也比别人赚得多……”同学很少有人和她说话……只有同桌周雷对她百依百顺，他父母收入微薄，本人又长得瘦小枯干，孙楚翘给他买名牌衣服，甩给他让他立马换上给她看；她给他带好吃的……课间拉着他到外面聊天，骂骂同学和老师解解气。最近周雷明显厌烦她了，课间不愿跟她出去，就算出去也是说“你上课别和老师顶撞耽误全班同学的时间”“你的性格和你母亲一样不可理喻了，你父亲太能忍了……”她揪着周雷的脖领子踹他几脚，但内心却觉得他说的有道理。

陈学玲长得漂亮，但因为性格不好始终没有谈上对象。下嫁到家徒四壁的老孙家时，婆婆不同意儿子娶如此霸道的媳妇。两个女人内心结了梁子。婚后夫妻白手起家创立一份家业，她和婆家人说话就像训斥奴仆一样。父亲心细，照顾女儿的饮食起居，母亲总是在一旁挑毛病。孙翘楚不敢和母亲说一句父亲的好话，那样她会认为女儿背叛了她。孙楚翘从记事起就是父母打架的目击者，每次打架都是母亲大声谩骂，如果父亲不理她，她就动手撕扯父亲，父亲挣脱后冲出家门……有几次母亲拦着不让父亲出去，父亲忍无可忍狠狠打了母亲。母亲告诉孙楚翘，男人都是白眼狼，不要把他们当人看……这无疑影响了她和周雷之间的互动。

上周六，周雷告诉孙楚翘班主任对他下了最后通牒，禁止他们来往，否则请家长。周雷父母早就明令禁止周雷和孙楚翘走得太近，因为孙楚翘母亲的霸道在家长群里很出名的。周雷换座位走了……

所有的爱都是建立在平等的基础上的，无论你为这份爱付出了多少。如果你认为付出的多就拥有特权，那就大错特错了。在现实生活中，如果母亲对自己的婚姻不满，会不自觉地将孩子带入自己的婚姻关系之中，让孩子了解母亲为婚姻付出得更多，父亲是如何“对家庭不负责任”，以便让孩子对父母的情感有所侧重。这种行为给孩子造成的伤害是潜在而长远的。

1. 让孩子左右为难，孩子内心是不想舍弃父母中任何一方的，但为了迎合母亲，他们只能违心地有所选择；

2. 让孩子缺乏自信心，母亲在诋毁父亲时“摆事实，讲道理”，孩子不免对号入座，进而否定自己；

3. 让孩子质疑成年人的权威感，“你们连自己的事情都处理不好，怎么能给我有效的教育呢？”

4. 让孩子在与异性交往中带有刻板印象，难以建立持续稳定的人际关系，成年后在爱情和婚姻中遭遇坎坷的概率会高很多。

父母在婚姻中遇到问题时不要回避，婚姻治疗师会帮助你们找到问题的根源，并且以科学的方式改善，每个人都可以享受幸福的婚姻生活。

第三象限：民主家庭

这个区域的家庭，无论夫妻双方的社会角色和社会地位如何，在家庭中，每个人都是平等的，谁也无心争夺家庭的主导权。男孩懂得爱和被爱；女孩善解人意。

这种家庭的男孩在和平的气氛中成长，被成年人尊重的体验使男孩具有高度自我价值感，生命能量被充分地激发。男孩因为很小就被允许参与家庭决策，所以长大后会比较有主见，能够对自己的一切选择负责。在与异性交往的过程中，男孩的修养和礼貌会自然地流露，收获很好的异性缘儿，在全面了解异性的前提下建立成熟而审慎的择偶观，为他完美的婚姻奠定坚实的基础。

这种家庭的女孩充分享受和平的气氛，因为在充满爱和理解的氛围中成长，她的内心具有强大的力量，能够应对成长中的许多问题。积极向上的生活态度使她有比较好的包容性，拥有良好的人际关系。她们会将人生的智慧带入自己的婚姻之中，并将爱的能量继续传递。

第四象限：父强母弱的家庭

这个区域的家庭充满男尊女卑的家庭氛围。女孩子会压抑，对男性充满排斥。

这样家庭的男孩在成长中会不自觉地形成大男子主义的价值观，在与异性的交往中自然流露强势，女生往往采取回避或厌恶的态度，这使他更加痛恨或鄙视女生。随着成长，看到周围的哥们儿赢得女生的欢迎并获得爱情。他也会勉为其难地迎合女生，但会在不经意间流露出重男轻女的真性情，长期的压抑会使他在某一个场景下爆发，激化双方的矛盾。也有女生会偏好这款男生，认为他们有男子汉气概，但大多数女生，尤其是母亲强势父亲弱势的家庭的女孩是无论如何不会与这类男生交往的。

这样家庭的女孩在父亲强势中体会到强烈的压抑，她恨母亲的不争，鼓励母亲与父亲斗争，甚至支持母亲离婚，结束没有尊严和幸福感的婚姻。女孩充满纠结，她们也希望能够与异性友好地交流，但她们对男生充满不信任、排斥，有的发展成为不婚族。在我咨询中一些标榜自己是“同性恋”的女生往往来自这类家庭，觉得既然男人难以给女人安全感和幸福感，那就找个同性伴侣吧。

另一种极端的情况，女生与父亲的矛盾尖锐和激化，渴望寻找一个男生来保护自己，当自己与父亲发生战争时能给自己力量，在青春期为了迎合强悍的男生（其实是打架斗殴的不良青年）表现出低自尊，用发生性关系，或在做爱中无原则迎合男生来维护“感情”，以此满足对原生家庭抗争的快感。无疑又复制了母亲的命运。

喜怒无常的父亲对女孩的伤害到底有多大？

Eva，26 岁，已婚半年，没有小孩，是一个规模不算小的私营企业老板。她说自己变态，从大学开始谈恋爱，只要爱上对方，就开始折磨人家。人家心甘情愿地守护她，她就继续作，人家放弃了她又痛苦不堪。去年底，Eva 找到了真命天子，双方特别般配，可她又无法自控地折腾，当着男友的面和其他男性调情，对方一直坚持继续和她交往，她打算最后一次“考验”男友，说和她的男闺蜜 Jim 开房了……男友断然和她分手了……Eva 每天晚上跑到男友家楼下，希望能够挽回……Jim 自告奋勇和她前男友说明一切，消除他的误会……Eva 坚决不让；她又让朋友带话给前男友，说她要和 Jim 结婚了，希望刺激他挽回，但他根本没有理会。Eva 和 Jim 成为法律上的夫妻。

Eva 属于紊乱型依恋模式，和她的原生家庭密切相关。她父亲出身贫寒，依靠自己的努力成为全球公司中国区首席代表，为其原生家庭、丈母娘家和他们三口之家创造了富足的物质生活。在外人面前父亲谦和、友善、孝顺，但回到家则是暴躁狂。父亲暴打自己的景象，Eva 永远无法忘记。3 岁时，父亲第一次开车带母女去水库玩儿，当时场面特别温馨，父亲躺在草地上，把 Eva 放在他身上，孩子爬来爬去……突然父亲接了一个电话，将身上的女儿猛翻到地上，Eva 嘴唇磕破了，血流了出来，她惊恐地大哭，父亲不但没有帮助她，反而狠狠打她，说她是扫帚星，只要对她好就会交霉运。

在 Eva 的眼中母亲很现实，老公满足了她所有的虚荣心，她容忍他的坏脾气，就算他颠倒黑白，她也随声附和。母亲无数次引导 Eva，不要和父亲较劲，较劲换不来饭吃……Eva 鄙视母亲，觉得她没有尊严，是她助长了父亲的蛮横。母亲的一生都致力于讨好老公，防范外面女人的诱惑……长期的压抑剥夺了她的健康，Eva 十八岁时母亲就去世了。

母亲葬礼那天，Eva 内心充满了惶恐，母亲活着时，遇到父亲打她，母亲会一边训斥 Eva，一边让她快快离开，避免继续遭受暴打。母亲死了，再没有人可以从中斡旋了。她和父亲说想去好朋友家待一会儿，到了朋友家就给父亲打电话说要住几天。父亲马上去接她，非常和气地向好朋友父母道谢，把 Eva 领出来，塞进副驾驶。一路上他把 Eva 的脸都打肿了，车差点撞上便道……打完之后直接把 Eva 带到钢琴行，买了她曾经最喜欢的钢琴。

Eva 不敢相信男人了，每当她真正爱一个男人，就不断地问自己：他会一辈子都温和地对我好吗？她坚信当年父亲和母亲谈恋爱时，肯定也会掩饰自己的坏脾气，但婚后就暴露真面目。Eva 通过各种方式不断地试探男方的耐受力，看看他被激怒后是怎样的表现，会不会用暴力……

父亲情绪的不稳定和暴力倾向对女儿建立和维护亲密关系具有极大的杀伤力。传统观念中父亲是孩子心目中的山，是孩子生命的依靠。失去稳定的依靠意味着孩子无法获得安全感和归属感，生活变得慌乱和动荡，此时她们的选择出现害人害己的局面则是想象中的事情了。

为了孩子的福祉，父母用心地经营自己的婚姻吧。有意义的爱对于成年人本人也大有裨益，提高人体免疫力，心理健康，拥有幸福感，同时为孩子拥有幸福人生奠定坚实的基础。

微信扫一扫
二维码收听

微信扫一扫
二维码收听

微信扫一扫
二维码收听

善于沟通的父母才能成功助推

所有的教育都是自我教育，孩子在环境中实现自我教育，父母是孩子成长环境中最重要的组成部分，一些父母本人的价值观、世界观都是正向的，他们对孩子的教育理念也是好的。但因为缺乏沟通力，使孩子陷入盲目的逆反之中，选择了错误的人生方向；因为缺乏沟通力，父母眼中的孩子完全失真，孩子在父母“严防死守”中过着自己的生活。

在日常咨询中，有的孩子对父母的逆反到了“自动化”程度，所有父母主张的就是孩子所反对的，我提醒这类孩子的父母，千万不要再将自己心目中的选择说出来，给孩子留有正确选择的机会。父母要想真正地助推孩子，需要全方位地提高情绪管理能力和人际沟通能力。

用沟通代替冲突

亲和子是两个独立的个体，成长的社会环境不一样、年龄不同、阅历不一样，产生矛盾和冲突是十分正常的，我的儿子郭子轩作为一位历史专业毕业的95后，将在他独立出版的新书中，站在人类发展的视角分析几代人的亲子间矛盾和有效达成亲子互动的方案，非常有建树，敬请期待。

如何用沟通代替冲突，避免没有必要的消耗既是父母应该思考，更是要妥善解决的问题。

一、冲突的心理基础是逆火效应[①]

什么叫逆火效应呢？当人们遇上与自身信念抵触的观点或证据时，除非它们足以完全摧毁原信念，否则原信念反而更加强化。日常生活中我们常常见到一对恋人，如果周围人不加干涉，他们会遵循着感情发展的白身规律，有可能长相守也可能分手，而一

① 逆火效应：当人们遇上与自身信念抵触的观点或证据时，除非它们足以完全摧毁原信念，否则原信念反而更加强化。面对和自己立场不同的信息，人会本能地、无意识地保护自己的信念。

旦周围人横加干涉，晓之以理动之以情地分析这份感情结果不会好，恋爱双方则变得更加固执地在一起。大家还记得第四章中的《妈妈用悍卫婚姻的计谋阻挠我的爱情》中的丁琪琪的恋情吗？母亲的高度卷入把两个孩子牢牢地捆绑在一起，对抗成年人的棒打。

面对和自己立场不同的信息，人会本能地、无意识地保护自己的信念。人有一种倾向渴望被别人称赞，而听到别人的批评则会难过、愤怒和恐惧。对于自己坚信不疑的信念，突然别人告之其错了，则会使一个人暴露在一个新的认知层面上，那这个人就会不可避免地质疑自己，由此产生了一种角力。

如果父母新的复杂的信息是在孩子认知中已有的信息基础上提升的，则更容易被孩子接受。如果孩子在接受新的复杂信息时，当父母低估了他们自身认知的信息，则会引起其反感，新信息无法说服旧信息，孩子就更加坚信自己的认知是正确的，已有的观点也变得更加根深蒂固。如果父母继续说服孩子，让孩子感觉丢面子，孩子则会进入自我保护状态，寻找各种理由为自己辩解，寻找各种证据反驳父母，甚至会怀疑父母的动机，从而激发人的本能，愤怒、恐惧和战斗。这种负面情绪大大阻碍了孩子的认知力和理解力，从而进入非理性阶段。要想消除冲突，父母要了解沟通中的四种模式，有的模式本身就是将沟通双方带入到冲突的语境之中；而有的模式则有利于亲子双方的交流。

二、人际交往的四种典型方式

人际关系中存在分歧在所难免，冲突也时有发生，解决不好会破坏相互关系，妥善解决则能增进信任和了解。

1. 第一种模式："你好，我也好"达成沟通，既认同自己也认同对方，并在此基础上进行沟通和交流。

2. 第二种模式："你不好，我好"，属于我胜你败的姿态，一些父母对孩子进行教育时就是这样的姿态。我是父母，我是为你好，你必须听我的，如果你不听我的，你就是逆反，就是你的不对。父母永远正确，孩子只能服从和认同。这种模式激发孩子的逆反，引起亲子冲突在所难免。

3. 第三种模式："你好，我不好"，属于让步的姿态。一触即退，放弃与孩子不同的观点，甚至是乞求。一些强势父母引发孩子强烈逆反，他们会以不去学校、自伤甚至自残来反抗父母，父母陷入无底线、无原则的状态，满足孩子的各种要求，买网速更快的电脑、容量更大的手机、名牌鞋……希望孩子能够停止一切自我伤害的行为，有的父母采取妥协，将维持关系放在首位，而问题却得不到解决。这种情况使孩子"症状获益"，在日常心理咨询中，这类咨询难度最大。孩子经过自己的"斗争"争取到了"制服"父母的相处模式，完全没有自我改善的动机。

4. 第四种模式："你不好，我也不好"，高挂免战牌回避争论，害怕说出自己的想法。一般情况，父母在经历了第二、三种模式之后，孩子的"问题行为"没有任何改善，父母表现出无力、无奈、无助的状态，思维完全混乱了，朝令夕改，传递给孩子的也是无力感。进一步加大孩子的心理压力。

如何才能达到第一种"你好，我也好"的沟通模式呢？共情是关键。

三、共情告别冲突，实现沟通

共情指的是一种能进入他人主观世界，了解其感受的能力。父母将自己置身于孩子的频道中，体会他最真实的诉求，而不是将孩子强拉硬拽进父母的世界中。丽珊幸福心理倡导的半步之外，用温和的管教助推孩子的自主成长对于父母来讲的确具有一定的难度。因为具有共情能力的父母比较少。

一个 3 岁孩子的母亲向我求助，说孩子一到商城就大哭大闹，她哄过、甚至打过，却都不奏效。我把她带到繁华的南京路人行道上，让她蹲到孩子的高度，把手放在她头上，让她以孩子的高度看周围的人来人往，坚持了一会儿她告诉我很恐怖，觉得人的屁股和大腿碾压过来……成年人尚且有这种感觉，何况 3 岁的孩子呢？通过我的人为创设的“共情”，促成了母亲对孩子的了解。我建议母亲尽量少带小孩去客流量大的商场，如果必须带着，就把孩子抱起来，让他和成年人同一个视角。

各位读者朋友是不是好奇，为什么不和父母交流的孩子，和我能够说出那么多内心的话？就是因为我能够和他们共情，而这种共情不仅仅是心理咨询的技术，更需要有充分的生活阅历，我从 1991 年在耀华中学担任教师，30 年来始终和学生们生活在一起，我的兴趣爱好和他们趋同，我和他们一起听周深的歌、看《哈利·波特》……我们有太多的共同语言，每个孩子来跟我交流，我可以马上进入到他生活的情景之中。父母如何才能与孩子达成共情呢？

1. 个人的经历和人生经验

一些父母回顾自己成长中的各种感受，我经常和他们开玩笑：“你没有过青春期吗？你一出生就 40 岁了吗？”是的，既然你有过青春年少，为什么就不能理解孩子呢？每个孩子都渴望在“轨道”内被认同，被认同的孩子会越发努力，做得更好。被成年人暂时否定的孩子如果努力无效，则会另辟蹊径，寻求其他“突破”，比如沉醉于业余爱好、网络游戏；或者通过炫富、淘气、搞怪来“刷存在感”。当无法让周围人因为自己而快乐，也可以让周围人因为自己而苦恼，总之，谋求存在感和价值感是每个孩子共同的追求。

“历史天才”为什么网络游戏成瘾？

倪浩铭是一位八年级的小伙子，母亲带他来找我咨询的原因是成绩大幅度下降、迷恋网络游戏、在学校人际关系不好、和妈妈争吵，大有全面失控的态势。小伙子给我的第一印象非常深刻：有思想、有个性，也有“离群”后的失落。浩铭从小就酷爱阅读，看过大量课外书，但成绩中等、跟同学缺乏共同语言。

浩铭满脸渴望地问我：“丽珊老师，我能和您谈谈历史的话题吗？”当他得知我的第一学历是历史时，仿佛久旱逢甘霖，滔滔不绝地分析二战中希特勒闪击波兰的原因，视角独到，维度丰富。他遇到“知音”后特别兴奋，找我要了一张纸，徒手画起了二战时的欧洲地图，实际上，他的历史水平完全超过高三文科生……

“你在历史方面的优势给你的现实生活带来了什么？”我的提问让孩子的目光暗淡下来。他讲的东西都是同学们不感兴趣的，在他们的眼中他是奇葩，而每次想和母亲交流，母亲先是敷衍几句，然后就开始催促他写作业……为了能够安静地学习历史，他中午不吃饭，一个人留在教室，讲给自己听……我听后不禁问：“你为了历史付出了那么多时间和精力，却无法获得周围人的肯定，是什么支撑着你继续研究呢？”“兴趣！”孩子对历史的渴求再次证实兴趣在一个人学习中所起的作用。

在见到我之前，浩铭一直苦闷自己没有和同学“攀比”的载体，在迷茫和痛苦中，他选择了“融入”，夜以继日地打游戏……“如果游戏级别高了，同学们就会接受我，那个时候我再讲历史，他们有可能听我说了”。

在后续的交流中，我惊讶地发现浩铭具有超强的学习能力，结构化思维已经达到自动化的程度，他获得我的肯定之后，逐渐将学习能力迁移到课堂学习之中，成绩有了明显进步，母亲欣喜地发现，浩铭再也不碰网络游戏了。

为什么父母就不能静静地听听孩子说话呢？为什么在父母的心目中只有闷头写作业才是学习呢？难道你青春期时就没有过除了课堂学习之外的兴趣吗？

2. 间接的经验

成年人都被固定在某一个位置，所能接触的人多是同质的、有限的。这也是我为什么2000年接受全球最大EAP（企业员工心理援助计划）提供商的邀请，担任欧美企业心理顾问的原因。教师属于人群中比较闭塞的，往往是从校门到校门，根本就没有接触社会的机会。但在给员工提供心理支持时，我又感觉到有些力不从心，恰在2004年我十分荣幸成为天津市和平区政协委员，17年的参政议政过程中开阔了我的视野，放大了我的格局，让我能够十分从容地胜任为成年人提供领导力、情绪管理、人际交往、职业生涯、婚姻情感等方面的心理支持，同时在给成年人的咨询中我都会问一个问题："你的青春期过得怎么样？"从中我了解了青春期的不同情绪反应和行为方式对于一个人一生的影响。我再将这些经验通过心理课程讲给耀华中学的高中生，引领学生们的成长方向，我的本职工作和社会辐射相辅相成。最后通过写书告诉更多的青少年和他们的父母。

一些长期与我交流，有着深厚情感的来访者建议我看一些他们正在追的电影、电视剧或真人秀节目，我和我的来访者同呼吸。许多孩子告诉我，父母对他们关注的事情没有任何兴趣，他们的笑点都不一样，双方没有沟通的平台，尽管生活在同一屋檐下，但完全无法走进彼此的世界。我真诚地建议各位父母，将自己刷淘宝、打麻将、侃大山的时间用于孩子感兴趣的电视节目吧，就算你开始看不进去，但为了了解孩子也尽力坐住了，看下去。我不喜欢看韩剧，但2014年因为几位来访者希望我能看看《来自星星的你》，我将每天晚上看两集当作完成作业。

3. 开放的心态

开放的心态帮助我们与孩子共情。陪伴孩子成长的过程就是不断更新我们对社会认知的过程。故步自封只能让亲子的心灵越离越远。父母眼中的孩子为什么如此失真？失真是指输出与输入的波形不一样，引申意为失去本意或本来面目。假设孩子本体是一个圆，父母眼中的孩子也是一个圆，如果这两个圆重合表明父母最了解孩子的话，在日常心理咨询中，我却发现这两个圆交集很小，有的甚至完全没有交集。孩子在父母眼中是如何失真的？如何减少失真度呢？

"言听计从"的女孩内心却另有谋划

佳鑫母亲在向我介绍孩子时情绪一直处于极度的激动之中，她说女儿是个好孩子，从小就对母亲言听计从，认同母亲"知识改变命运"的理念。初一新年联欢会上佳鑫特别羡慕班里两个女生弹奏尤克里里，她也想学，母亲告诉她学音乐会让人变得浮躁，况且那两个女生成绩不好，她们父母对孩子不负责任，千万不要与其交往，只有心如止水地学习才能考上顶尖的高中。中考前母亲破釜沉舟地给孩子找了顶尖学校的把关老师一对一辅导，中考之后孩子估分完全可以考上全市最好的高中，却不想分数下来比预估低了 20 分，仅仅考上了排名二十多名的学校……此时佳鑫母亲的眼泪喷涌而出。

母亲用了一个学期才从佳鑫中考失利的负性情绪中"顽强"

地走出来，她又开始新一轮的“造星”。她发现社会精英很多都是学金融的，中央财经大学是顶级学府，她每天都给女儿洗脑，未来从事金融行业一定要出自名校，和卓越人士成为校友，互为人脉，只有这样才能跨越圈层……升入高三，佳鑫每天都学到深夜2：00，但成绩却始终在年级100多名没有任何起色。这个成绩肯定考不上中央财经大学，父母从小到大在她身上投入的精力、金钱岂不是永远无法回收？

佳鑫母亲将自己内心的焦虑和盘托出，一边说一边哽咽。为了防止她的自我沉浸，我打断了她。“你知道中央财经大学金融系的录取分数线吗？孩子所在学校往年的高考成绩有几人能达到这个分数？孩子目前差多少分？孩子的强、弱学科分别是什么？弱势学科的知识漏洞在哪里？”我提问的目的是增强母亲的现实感。她果然被我问愣了，稍加思索后，说：“她应该清楚这些，我只负责给她的培训班付费。”她说话没有刚才那么大的底气了。

我又问：“你现在的焦虑是来自对孩子的关心，还是担心自己所付出的一切无法收到回报？”佳鑫母亲说他们夫妻都是最普通的人，省吃俭用支付巨额课外一对一的费用就是为了让孩子混进精英人才集中的学校，建立自己的人脉，为自己出人头地奠定基础，实现全家人的圈层跨越。现在高中同学的家庭背景都很普通，没有任何交往的价值。如果大学再不能考入顶尖大学，她就没有机会认识精英，父母这辈子也没有盼头了……

父母将自己的身份认同焦虑传导给孩子，如果孩子认同父母的理念，则会自卑，孩子最先瞧不起的不是外人，而是父母。孩子如果在成长中遇到困难，就会盲目归因于父母没有足够的资源和财富，生孩子只是为了满足自己，却没有替孩子着想。如果孩子不认同父母的理念，就会否定父母的为人，又因为缺乏和父母的情感链接，他们的人际关系和情绪管理往往会出现问题。

“丽珊老师，您给我们学校高三学生做职业生涯规划讲座时，我就特别喜欢您！感谢母亲帮我预约了您的职业生涯规划。”佳鑫的爽朗和母亲的忧虑形成了鲜明的反差。她仿佛知道母亲跟我说了什么，非常简练地修正了母亲对我的误导：她初中成绩一直中等，没有母亲所说的考入顶尖高中的可能性，中考前母亲给她找名师，连拉再拽才考到现在的学校，不但不是考虑焦虑反而是超水平发挥。她成绩中等偏下，只有年级前 3 名才能达到中央财经的录取分数；她的数学始终是弱势学科，她既不喜欢金融，也根本学不好金融专业。

佳鑫的理想是当宠物医生，考好了就去中国农业大学，正常发挥就去华中农业大学……母亲不了解的内容，女儿却心中有数，只是和母亲的设想大相径庭而已。

佳鑫说与母亲沟通是没有意义的。母亲在事业上不思进取，把供女儿上学当成人生豪赌，反复告诫女儿，她是投资人有权决定投资方向，说宠物医学太平庸，没有出人头地的机会。她尤其反感母亲笃信普通人之间的友情没有价值，一定要攀缘权贵才有出头之日……佳鑫从小就明白和母亲争论是无意义的，用表面上的言听计从来换得平静的生活，她在学校有几位志同道合的小伙伴，共同学习特别开心。高考后她会填报自己心仪的大学和专业，并为此负责。

父母缺乏对孩子内心的解读，仅仅满足于一厢情愿地浮于表面的交流。在父母眼中失真的孩子内心充满纠结，如果告诉父母自己真实的情况，不但无法得到恰如其分的帮助，还会引来无尽地唠叨、抱怨……而不告诉父母真实的情况，父母不仅会主观妄想地在朋友圈吹嘘自己，用自己的“演技”配合父母；而且总在自己的伤口上撒盐……

孩子往往通过隐性学习来了解父母的价值观和内心诉求，不断地积累而形成了一个固化的认知。父母向孩子灌输学习的重要性是显性学习，而他们自己好逸恶劳，从不学习，这就是隐性学习。隐性学习对孩子的影响深刻而持久。在日常心理咨询中，一些孩子明确告诉我：“我母亲是不会改变的，她特别固执，她面对外人和善，对家人却苛刻、暴躁。我父亲是势利小人，对领导讨好巴结，对下属大发雷霆。他向我灌输功利思想。”孩子一旦“看透”了父母，就不再信任父母，不愿意将真实的自己展现给父母。那么如何赢得孩子的信任呢?

父母要给孩子正向指引。佳鑫具有反思能力，她感受到母亲表面上为孩子的前途着想，而实际上是她自己具有强烈的身份焦虑，希望通过孩子进入精英阶层而更新自己所在的圈层。她宁愿孤注一掷、破釜沉舟给孩子报课外班，却不愿静心聆听孩子的内心感受。这份“爱”太不纯粹了，一旦孩子认定父母三观有问题，就算正确的建议，孩子也听不进去了，往往选择言听计从来求得表面上的平静，却暗地里打着自己的盘算，这是一种失控的状态。

帮助孩子进行科学的职业生涯规划。高中时代的职业生涯规划对于普通生来讲使学习的意义具象化；对于焦虑的学生来讲会让他们知道更多的可能，减低压力；对于缺乏学习动力的学生来讲会强化他们的学习动机。丽珊幸福心理倡导的半步之外，是父母要先与孩子半步，开阔自己的视野，了解更多的职业，通过助推的方式，让孩子选择适合自己的职业方向，并为此而不断努力。日常咨询中，经常有父母听说同事的孩子或亲戚从事某种职业赚钱了，就一定要自己的孩子亦步亦趋地去效仿，然而父母忽略了每个人都是不同的，适合的职业也是不一样的。

如何成为孩子愿意沟通的父母

有的孩子刚刚小学二、三年级就已经拒绝和父母交流了。父母从孩子的神态和情绪中感受到孩子不开心，也能从学习成绩的直线下滑中体会到孩子遇到困难了，但无论父母如何询问，孩子都不回应……是什么造成孩子关上了沟通的大门?

我在耀华中学担任心理健康课程的28年，和学生们亲密互动，他们告诉了我其中的原因，归纳起来有以下几个方面：

一、父母不遵守规则，给孩子带来羞耻感

我们常说做父母不需要上岗证，但为了给孩子树立正向的人生榜样，为人父母就要不断地提高自己的道德修养，遵守各种规则来获得别人的尊重，挑战规则会付出沉重的心理成本，并造成情绪的波动。

不遵守规则的人难以得到孩子的尊重

一位母亲在心航路“半步之外，用温和管教助推孩子自主成长”的公益活动现场向我诉苦和求助，说她生活得特别艰难，被同事厌恶、被家人嫌弃，就连上小学二年级的孩子也对她恶语相加。她从小到大一直认为遵守规则是软弱的表现，给别人的印象特别木讷，会被欺负，所以她希望自己能够灵活一些，比如钻钻空子。但结果好像不但没有占到便宜，而且还被所有人厌恶。我明确告诉她不遵守规则是陷入人际窘境的根源，一定要改变这种理念和行为方式。

过了很长一段时间，这位母亲在微信里向我诉苦，说她被“丽珊好妈妈课堂”微信群的管理员踢出去了，这种不公正待遇成为压垮她的最后一根稻草，如果不是这么多年来她一直被不公正待遇锻炼得内心强大了，她会为这件事跳楼自杀的。事情的起因是“丽珊好妈妈课堂”微信群明确规定不得在群里发广告、不得售卖东西、不得发带有诅咒性质的内容。她说她加群就是因为群友都是母亲，是她的目标客户，她加人家私信推销商品没有什么不对的，却不想被很多群友投诉，管理员向她发出警告。她觉得这些群友太不厚道，不买东西也就罢了，干吗还投诉呢？昨天她又发了诅咒帖，因为人家要求必须发到有200人的群里才能避祸。管理员怎么这样不通情理，把她移出微信群?

为了一己私利给别人添麻烦，大家就应该包容她，如果不包容她就是人家不厚道，就是要逼她死，如果你身边有这样的人，你会喜欢她吗? 我不知道她成长中经历了什么会形成这样的价值观，修正起来有很大的难度，而这种到处被人嫌弃的危害，一是让站在身边的孩子觉得丢脸、低人一等，甚至可能成为孩子一生难以走出的阴影；二是总是处于负性情绪状态的母亲会无端地跟孩子发火，强化了孩子对母亲的厌恶，恶化亲子关系。

只有遵守规则，成为令人尊重的人，才能获得和孩子平等沟通的机会。

二、父母认定自己可以支配孩子的一切

在许多成年人的眼中，成年人的世界复杂而险象环生，孩子的世界简单到不能再简单，到学校全身心学习就可以了，与学习无关的事都被称之为“闲事儿”，每当孩子向父母倾诉心中的苦闷时，父母往往会心不在焉，“你说的这些都与学习无关，为什么要把注意力放到这些闲事上呢?”“你的想法太天真，根本不可能”“你的兴趣爱好就是逃避学习”……孩子告诉我，母亲不是泼冷水，而是用冰桶把她打入冰窟。既然你不爱听，我就不再跟你说了。

母亲未经我允许把我的笔记随便送人

思雨初中就读于市重点学校，母亲为了炫耀女儿在重点学校上学不经过思雨的同意，随意将她的笔记、教材和复习资料送给周围人的小孩。把与中考无关科目的书送人也就罢了，更令思雨气愤的是初三下学期英语老师默写八年级下学期的单词，她找不到书，上课被老师数落，在她一再追问下，才知道母亲借给了同事的孩子，不好意思找人家要回来。那次她和母亲爆发了强烈的冲突。

母亲并没有收敛，中考后的暑假，母亲让思雨将初中所有的教材和笔记都送给邻居家的小女孩，思雨说她已经把数学书送给学妹了，母亲和她大发雷霆，让思雨把数学书要回来，送给邻居。凭什么呢？思雨和学妹有感情，她自愿送给她。邻居小女孩每次在电梯里看见思雨假装不认识，况且邻居小女孩学习极差，思雨不希望自己的东西明珠投暗。

思雨越来越讨厌小女孩全家了，讨厌她们爱占小便宜，不断地索取却不懂得感恩。母亲说思雨自私，不懂得分享，思雨不明白，为什么只有她任由母亲将自己的东西送给母亲想送的人是懂得分享，而送给她自己认识的学妹就不是懂得分享。

思雨的母亲为什么如此固执地把女儿未来还有可能用的教材

送给同事、邻居的小孩？仅仅是乐善好施吗？孩子就读重点学校足以让她自豪和骄傲，每次有人提出借书时她就会很满足，从而产生优越感，思雨的拒绝让母亲的优越感被剥夺。

思雨之所以不想把书给邻居女孩，是因为女孩从不跟她打招呼，丝毫没有感激之心。大家理解女孩的内心吗？从本心来讲她并不一定想找思雨借书，她受够了母亲嘴里的“别人家的孩子”，每次拿到书或笔记，母亲都可能会训斥她，看看人家姐姐这笔记，对比一下你和人家的学习状态……因为有了这个参照，她在母亲眼中一文不值。她对思雨怎么可能还有感激之情呢？

思雨母亲的行为强化了思雨的领地意识，她会过度地爱惜自己的学习物品，并拓展到其他物品上，所以母亲的行为不但不会培养孩子的分享意识，只能让她陷入极端的自我中心之中。

三、当孩子遇到困难时，难以得到父母的帮助

孩子在人际交往中遇到困难时，父母难以站在孩子的角度认真分析原因，而是不分青红皂白地训斥孩子，“你和人家处理不好关系肯定是你有问题，为什么其他同学都能有朋友，而你没有？你要好好反思自己的言行”。或者干脆说“他不跟你玩儿，你也不跟他玩儿！”

案例分享

没有得到及时救助，女孩辍学在家

吴菲在初一时偶尔找理由不到学校，到初二时发展成一个月一个月地不到校，她母亲跟我讲述孩子在家里总是无端地和她发脾气，有时还摔摔打打。我告诉她抓紧时间在当地找有教育背景的心理咨询师，给孩子做系统的心理咨询。咨询持续了半年还是无法改变孩子厌学的状态，刚进入初三，学校要求她们办理休学手续，母亲心里清楚，如果休学了，她再也不可能回到学校，她的最终学历就是初中二年级。为了孩子的健康成长，也为了弄明白到底是什么原因造成孩子不去学校，她带着吴菲飞到天津找我咨询。吴菲非常信任我，她告诉我小学时她身材胖，长得不好看，同学欺负她，扔她的作业本，在她座位旁扔垃圾。她告诉母亲希望得到帮助，但母亲却告诉她一份厚道一份福，小女孩不要总是叽叽歪歪的，太过计较的人长大后难以成就大事。尽管她不知道什么是太过计较，什么是成就大事，但她知道母亲认为回家告状的孩子没出息。吴菲反复想在学校被欺负就够难受的，如果再被母亲瞧不起就更可怜了，为了得到母亲的认同，她不但不再跟母亲说被同学欺负，而且还根据动画片里打打杀杀的情节，跟母亲说她是如何降服那些欺负她的同学，如何让他们怕自己的……在母亲的记忆中，女儿小学阶段人际关系不好，总是和同学打来打去，却完全不知道女儿一直被欺负……但这种经历给吴菲留下了深刻的阴影，在人际交往中形成了被害模式。升入初中之后，同学或老师无意中的言谈或者举止都会击中她内在的痛点，既然注定自己一生都无法与人互动，那上学还有什么意义呢？就在家待着吧。

吴菲母亲痛定思痛，觉得自己愧对孩子，小学阶段如果她重视孩子反应的问题，找老师、找同学家长沟通，也不至于给孩子留下心理阴影，孩子在学校被同学欺负，回家还要跟母亲编故事，让母亲心疼得泪流不止。就算错过了小学阶段的救助，初一孩子不上学就应该第一时间来天津咨询，耽误的两年时间不但加大了孩子回归学校的难度，而且还落下了很多的难以弥补的知识漏洞。

每个周末娘俩坐着飞机来到天津，坚持了几周之后孩子回到学校了，老师非常配合，给吴菲营造了相对宽松的环境，咨询的频度由每周见面到隔周、隔两周，吴菲在回归学校的同时积极有效地减肥，9 个月由 150 斤减到 100 斤，人变得更加清爽，更有自信了，顺利参加中考并且考入了当地最好的她非常喜欢的 3+2 学校。

还有一些极端的父母无视孩子的实际情况，强行建议孩子以暴制暴，告诉孩子哪个同学欺负你，你就往死里打，父母给对方付医药费，完全不考虑孩子如果真的这样做了，会不会影响公众形象，会不会因为有暴力倾向而被同学排斥。大多数孩子是不敢打回去的，再跟父母说被同学欺负，父母就会奚落、指责，“你怎么这样怂，一点儿都不随我，我怎么生出你这样的孩子，以后如何立足社会……”孩子由此陷入更深刻的自卑、自责之中，对未来是否能够融入社会充满强烈的恐惧。一位初二年级男生跟我说：“我那么瘦弱，怎么敢打同学呢？我完全打不过呀！”孩子再也不愿跟父母提及学校的事情，他们除了责骂，一点儿也帮不了忙。

中国有句古话，“路遥知马力，日久见人心。”孩子遇到困难时，恰是考验父母的时候。

四、父母觉得孩子的感受无足轻重

亲子双方的兴奋点走不到一起，孩子逐步丧失了与父母沟通的兴趣。双方的情感也变得冷漠了。在日常咨询中，一些母亲跟我说，孩子在家一天都不和她说一句话，态度冷冰冰的。母亲把自己说成“受害者”，忘记了在陪伴孩子成长过程中自己的冷漠、缺乏同理心、自我为中心的种种行为已经在孩子的内心留下了深刻的烙印。

在母亲心目中，我不如她的狗儿子

靳夏开始和我咨询时是初三年级的 11 月份，她的情绪极度不稳定，自残的程度越来越严重。她们母女的悟性都很高，几次咨询就效果明显，母亲从焦虑的情绪中走出来，为靳夏营造了良好

的心理环境，使孩子情绪平稳地度过了中考。

中考之后，母亲开始“放飞”自我，释放自己的负性情绪，每天早上六点半叫女儿起床就开始有情绪，“你怎么就不能自己起床呢？你不能因为自己曾经抑郁过就放松对自己的要求”。晚上十点准时释放负性情绪，和靳夏说话极不耐烦，“我上了一天班，回家又给你做饭，每天都是要猝死的节奏”。

靳夏觉得自己也很委屈，暑假母亲给她报了各种辅导班，把时间都排得满满的，毫无喘息之机。尽管她只接受了我几次咨询，但一直牢记我跟她说的“如果一个人不能和母亲建立良好的情感链接，就会在情绪管理和人际交往中出现问题”。她特别渴望利用暑假和母亲建立情感链接，经常找一些轻松的话题和母亲交流，但母亲总是表现出无所谓的态度。靳夏在舞蹈班学了一段舞蹈，自己练了很久，邀请母亲看一看，母亲几经推脱，终于抱着小狗坐在椅子上，目光始终在小狗身上，还不停地跟小狗说“看姐姐跳舞蹈”，不但没有关注靳夏的舞跳得如何，而且和狗大声说话让靳夏听不清音乐，她愤怒地将母亲轰出房间。母亲再次带靳夏来见我，看看是不是抑郁症又复发了？我告诉她，是她没有彻底改变教育观念和沟通模式，中考前是“装”出来的，时过境迁，她又回到了原有的模式之中了。

孩子的世界是复杂的多维度的，他们渴望父母以孩子的视角倾听、理解他们，帮助他们选择最适合他们个性的方案，同时要对效果进行跟踪了解，反思之前给他们提出的方案是否科学有效。孩子就像一个小树苗，需要父母悉心的关怀。

五、青春期的孩子为什么不愿意和亲朋好友聚会

《今晚报》的记者就这个问题采访我，孩子不愿和亲朋好友聚会的原因包括以下几种：一是进入青春期之后，孩子开始追求自我空间，和成年人在一起时会觉得不自在；二是在成长中，父母和孩子说了许多成年人之间的纠葛，比如你的舅舅吝啬，姑姑有心机……孩子对成年人早已产生强烈的排斥；三是在亲属关系特别密切的家族中，父母往往假借孩子特别崇拜的或者比较有权威的亲戚来吓唬孩子，比如大姑妈说啦，如果你不听话，以后她就不爱你啦……在孩子心目中大姑妈爱管闲事，拒绝与其见面。

亲戚不要卷入度过高

初一年级的谢浩终日沉迷游戏，宅家抗疫期间，母亲将他送到大姨家，大姨的儿子特别优秀，初中、高中都是在重点校，大学也是985，无论是大姨、姥姥还是母亲都鼓励谢浩要以哥哥为榜样，但谢浩很少和哥哥说话，那天他跟大姨说："我查了哥哥的大学也不怎么样，在中国排30名呢，我要考北京大学。"大姨都笑喷了，谢浩在一所普通初中，名次年级倒数，在家上网课期间根本不听课，不写作业，还好意思说考北大。她苦口婆心地告诉外甥，学习成绩是学出来的，不是吹出来的。谢浩就不再理大姨，

自己又打上游戏了。

大家有一个误解，亲戚家的孩子们具有可比性，毕竟基因有相似之处，却忽略了人与人本身就存在很大的差异。成长过程中，父母不能让亲戚做“恶人”，为良好的互动奠定情感基础。有的孩子厌学不去学校，父母请来八方朋友说服孩子，让孩子没有面子，留有阴影，长大之后，每个人都会唤起他不愉快的经历。

与孩子有效沟通的技巧

丽珊幸福心理所倡导的助推孩子自主成长理论，就是激发孩子的主人翁精神。由“要我学习”变成“我要学习”，让孩子真切地体会到学习的快乐。当内在动力被激活就会转化成学习的毅力，全细化，多巡道，时刻避免负性的刺激。

一、亲子如何建立真正的共识

诺贝尔经济学奖得主罗伯特·奥曼（Robert Aumann）曾发表过一篇名为《Agreeing to Disagree》的论文，它最终的结论是：如果有两个理性而真诚的人在争论某个问题，那么结果必然是他们能达成一致。如果争论结果是两个人不欢而散，那么这俩人中至少有一个人是不理性或者不真诚的。

丽珊幸福心理指出每个人都有自己独特的价值观、性格、思维方式、生活习惯，当两个完全不同的人进行思维碰撞的时候，难免会因彼此的差异而产生一些摩擦。为了和谐共处，亲子之间怎样快速达成共识，解决矛盾和冲突呢？有时候我们认为“双方的让步”就是共识。其实让步本身是存量，没有增量。什么是具有建设性的共识呢？双方带着各自的认知存量进行讨论，通过讨论实现双方的认知增量，这个双方的认知增量就是共识。现实生活中亲子之间的共识分为以下三种：

1. 强制性共识：实际上没有达成共识，只是父母处于绝对强势状态，孩子只好做出让步。这是一种伪共识。

2. 交易性共识：我有我的利益底线，你有你的利益底线，在两个利益底线之上，双方出于利益的考虑达成某种妥协。在日常咨询中一些因为各种原因不到校上学的孩子，父母一再退让，给孩子买手机、电脑、任由孩子大手大脚地花钱……旧的问题没有解决，又出现了许多新的问题。

3. 真正的共识：在讨论中，双方的认知发生了改变。当改变发生的时候，一方发现自己的认知恰好跟对方的新认知是重叠的。在日常咨询中，我就是亲子双方的“翻译”，把他们彼此内心最真实的、最温暖的感情传递，让孩子体会到自己在父母的眼中并不是一无是处；让父母感受到孩子不像表现出来的那么冷漠无情。

双方只有达成真正的共识才能相互履行责任，将共识落到实处。一些父母与孩子之间不是交流，而是“广播”，不管孩子有没有在听，有没有听懂，从头到尾都是自顾自地在讲，一旦孩子没有做就被视为挑战父母的权威地位。心理学的研究成果表明，所有人在听到与自己观点相悖的意见时，第一反应不是去理解对方的观点，而是要保护自己的权利与尊严，如果对方越是强调自己的错误（不论是真错还是假错），我们就越不能接受对方的意见。大多数时候，真理都会让位于自尊！再次印证逆火效应。

二、亲子沟通常见的问题：

当亲子沟通出现问题时，父母要先从自身找问题。

1. 喜欢使用强硬的措辞。一些父母和孩子沟通时，总是把“你应该”“你必须”“听我的没错”“我是为你好！”……这类的话挂在嘴边，让孩子觉得不被尊重、被控制，产生了逆反心理。

2. 不给孩子解释的余地。批评孩子的目的是为了让孩子能够改正错误。当孩子犯错后，父母不给孩子解释的机会，就指出他的不对……“不要诡辩”“我还不知道你是怎么回事”……孩子逐渐养成“习得性无助”，不再解释，但内心却积蓄着强烈的委屈和不服。

3. 很少倾听孩子的心声。孩子随着年龄的增长，有许多渴望分享和了解的事情，他们最先想到的是与父母交流，但非常遗憾，父母认为这些都是“闲事”，抓紧学习才是王道。一再被父母拒绝的孩子就放弃了与父母沟通的念头，默认父母根本不理解自己。

三、拉波波特法则让亲子达成有效沟通

在日常生活中亲子经常会为了不同的意见争吵不停，即使声音再响、权势再大也不会产生真正的共识。有什么方法能够让沟通避免陷入争执，更加有效，更有利于达成共识呢？美国哲学家、认知科学家丹尼尔·丹尼特（Daniel C. Dennett）2016 年获评全球 50 位最具影响力的哲学家。他的著作《直觉泵和其他思考工具》一书中提到社会心理学家兼博弈论专家阿纳托尔·拉波波特提出的拉波波特法则（Rapoport's rule），被誉为沟通出现不同意见时最好的解决方法。下面我详细地介绍给家长朋友们，你们可以尝试

用这种模式与孩子进行良好的沟通。

第一步：请孩子详尽地表述自己的想法，父母一定先闭上嘴巴，仔细聆听，保持安静，不要中途打断，让孩子感受到被父母尊重，不再把父母视为“对手”。孩子讲述结束，父母要清楚、生动、完整地复述孩子的想法，让孩子切实地感受到父母听了，真正理解了他的看法，甚至表达的比他自己更透彻，这样就拉近了双方心理的距离。

第二步：父母要把孩子观点当中自己同意的部分列成一个清单：我同意你的第一点；我同意你的第二点……这个清单既要清楚又要有足够的量，这种换位思考让孩子意识到父母已经进入他的频道去思考问题了。

第三步：父母真诚地表示孩子的阐述增进了自己对这个问题的认识，成为父母的认知增量。要想真正地做到这一点，不仅仅是礼貌、技巧，而是必须要在听完孩子观点以后，实质性修正自己的某些观点中的偏颇，让孩子感受到你从他的观点中学到了一些东西。比如，“你说的某某内容是我之前完全没有想到的，谢谢你增加了我对这个问题的思考维度”。从而让孩子获得价值感和成就感。

以上三步的意义既是情感上的铺垫，又将亲子之间的不同点缩小到一个小小的范围。

第四步：父母阐述与孩子不同的意见。但不要直接说你哪儿哪儿不对，而是换个说法，“我在仔细思考你的意见时，遇到了几个小问题，咱俩讨论一下”。这样意见的分歧就变成了双方讨论解决问题的一个过程，相当于带着孩子站在更高的角度去审视、反

省和完善，最终达成的新的选择，不是父母强加给孩子的，而是助推孩子自己找寻到对自己最有利的选择。这个共识就是亲子双方认知的增量。

在日常生活中，父母常常在不知不觉间剥夺了孩子以正确的、符合他的行为习惯的方式来获得归属感和价值感的机会，然后又反过来埋怨孩子，嫌他们没有责任感。培养孩子的责任感，关键在于父母是否懂得放手，放权。丽珊幸福心理提出的助推孩子自主成长就是在充分尊重、理解、思考和肯于实践的基础上，带领孩子进入积极的反思以及自我修正的状态之中。让孩子以积极的精神状态和足够的自信心，本着对自己人生负责的态度，在人生导师的引领下，通过自主学习成长为自己满意、对社会有贡献的人！

微信扫一扫
二维码收听

微信扫一扫
二维码收听

微信扫一扫
二维码收听

后记

反哺社会，让更多的人享受幸福的人生！

熟悉我的人都说我活出了幸福的模样！

我的幸福源自在反哺社会的过程中：

获得成长，锻炼了自己各方面的才能，提升自信，悦纳自我是幸福的；

获得动力，来自受助者发自内心的感恩和祝福环绕着我，被人信赖是幸福的；

获得支撑，志同道合的朋友相互欣赏、支撑，人与人之间的互赖是幸福的。

1993 年我接受天津市耀华中学的委派，参加天津市首批青少年心理辅导师的培训，1995 年在《中国青年报》《今晚报》等主流媒体开设心理健康的专栏，我收到来自全国各地青少年的求助信，利用业余时间给孩子们回信的过程中，我总结出青春期心理迷茫的规律，创建了解决问题的结构化思维模式，提升了我帮助青少年走向幸福的专业能力。

2000 年我成为全球最大的 EAP（企业员工心理援助计划）中国区首席培训师和咨询师，主要任务是寒暑假期间参与企业管理人员的选拔、不同受众群体的心理培训和一对一的心理辅导。在此之前，我缺乏对社会的全面接触，给成年人做职业解压和职业规划有些力不从心。幸运的是，2004 年我成为天津市和平区政协特邀委员，2007 年成为正式委员，17 年参政议政的经历开阔了我的视野，提高了我的站位，对国家的经济社会发展有了比较清晰的认知，不但胜任了欧美企业心理顾问，而且还帮助一些来访者实现了人力资本增值、创业成功和财务自由。反哺社会丰富了我对社会的认知，让我对人生理解变得更加通透。

我崇尚“滴水之恩涌泉相报”的价值观，30 年来我始终坚守在耀华中学心理课的讲台上，将自己从社会工作中收获的经验带回课堂，给孩子们讲述最真实的职场环境，职业生涯规划使学生们的学习目标更加具象化，由此获得持续发展的动力。学校本职工作和社会兼职达成完美的良性循环。

将自己的心理专业特长反哺社会，是我一直的信念和行动方向。1998 年我在耀华中学创建了心理健康使者团，带领学生组织各种大型公益活动，宣传心理健康的理念，搭建亲子心灵沟通之桥。2004 年在各个单位领导的大力支持下，创建了天津市未成年人心理自助互助协会，隶属天津市学生联合会。2008 年发起天津市中学生心理剧大赛，因为社会反响非常好，2011 年第四届大赛就成为由天津市委宣传部、天津市精神文明办、天津市教委、天津市关工委、共青团天津市委“我与祖国共奋进，18 岁成人行动”

的固定金牌活动，成功举办十届大赛。一些学校的心理老师在积极组织和指导本校学生参赛中获得市级荣誉证书。反哺社会，给心理老师和学生们搭建展示的舞台，提升了我组织全市赛事、协调多方关系的能力！

我的心理专业水平得到民盟中央领导的高度认可，几年来，我给贵州毕节、甘肃庆阳、河北广宗、河南新乡等地做了几十场讲座，将丽珊幸福心理传播到全国各地，受益人数越来越多！

2020 年 12 月，获得民盟中央“社会服务先进个人”荣誉称号；

2021 年 6 月，获得民盟中央“脱贫攻坚先进个人”荣誉称号；

2021 年 6 月，在民盟天津市委会庆祝中国共产党成立 100 周年、民盟成立 80 周年的“身边的榜样”事迹报告会上，讲述自己的社会服务工作。

我的幸福源自我的丽珊幸福心理和反哺社会的理念感染了儿子郭子轩，他从小就性格随和、与人为善、善于合作、尊重师长，心怀感恩。现在他也坚定地加入反哺社会的行动中来！

我的幸福源自您通读了本书，并将丽珊幸福心理的理念落实到陪伴孩子成长的每一天：半步之外，用温和管教助推孩子自主成长！

守望大众心理健康的张丽珊

2021 年 12 月 19 日